パンのすべて

知ると楽しい！

「パンのすべて」編集部 著

進化し続ける
おいしさの**ひみつ**を**大研究**

知ると楽しい！パンのすべて
進化し続けるおいしさのひみつを大研究

もくじ

| この本の使い方 | 005 |
| はじめに | 006 |

第1章 世界と日本、パンの歴史

- 1万4400年前のパンくず ……… 008
- 砕いた穀物と水を混ぜて焼いたのが始まり ……… 009
- 粗い粒から粉へ ……… 010
- 偶然生まれた発酵パン ……… 011
- パン作り技術の進歩 ……… 012
- 大人気のパン職人 ……… 013
- 庶民は黒パン ……… 014
- ルネサンスで花開くパン文化 ……… 015
- 発酵の秘密が解き明かされる ……… 016
- 今に繋がるパン ……… 017
- 鉄砲とともにポルトガルから伝わる ……… 018
- 鎖国でパン作りが禁止される ……… 019
- 庶民に広がるパン食 ……… 020
- あんパンの登場 ……… 021
- 戦争とパンの関わり ……… 022
- 学校給食にコッペパンが登場 ……… 023
- お米よりもパンをたくさん買う ……… 024
- 長く続くパンブーム ……… 025
- 完全栄養食としてのパン ……… 026

第2章 パンの科学

- 白い小麦、黒いライ麦 ……… 028
- 小麦粉だけじゃない！バラエティー豊かな粉 ……… 029
- 「サッカロミセス・シルヴィシエ」 ……… 030
- 果物や植物についている酵母 ……… 031
- おいしいパンには塩が欠かせない ……… 032
- よりおいしくするために ……… 033
- 発酵の仕組み ……… 034
- 発酵と腐敗の関係 ……… 035

コラム01
- 給食でパンになじんだ戦後の子供たち ……… 036
- パン作りの工程1（こね〜ベンチタイム） ……… 038
- パン作りの工程2（成形〜焼き） ……… 039
- 焼き色と香ばしさの秘密 ……… 040
- パンの味は何からやってくる？ ……… 042
- モチモチvsサクッ ……… 043
- 日本人は柔らかいパンが好き ……… 044
- 菓子パンと総菜パンの人気 ……… 045
- パンの栄養 ……… 046
- 小麦アレルギーでも食べられるパン ……… 047
- パンの分類 ……… 048

第3章 世界のパン

- [イギリス] 白くシンプルなパン …… 050
- [フランス] こだわりの焼き立てパン …… 051
- [ドイツ] 黒く重いライ麦パン …… 052
- [イタリア] パスタに負けない個性的なパン …… 053
- [デンマーク] さまざまなデニッシュ …… 054
- [フィンランド] 寒い国のライ麦パン …… 055
- [中国] 蒸しパンが主流 …… 056
- [インド] 噛み応えのある平たいパン …… 057
- [アメリカ] 移民がもたらしたパン …… 058
- [ロシア] 文化に深く根付いたパン …… 059
- [中南米] トウモロコシやキャッサバを使ったパン …… 060
- [東南アジア] 独自の進化をしたパン …… 062
- [中央アジア] タンディール窯で焼かれるパン …… 064
- [トルコ] 世界一パンを食べる国 …… 066
- [中東] 平焼きパンが主流 …… 067
- [オーストラリア] 開拓者の伝統的なパン …… 068
- [東アジア] 独自のアレンジを加えたパン …… 069

コラム02
関西は厚切り、関東は薄切り …… 070

第4章 日本のパン

- 最もポピュラーなパン 食パン …… 072
- 巻いてなくてもロールパン …… 073
- 日本発祥のコッペパン …… 074
- 元祖菓子パンのアンパン …… 075
- 120年の歴史 クリームパン …… 076
- メロンは入っていないメロンパン …… 077
- 手作りも楽しい蒸しパン …… 078
- どっちから食べる? コロネ …… 079
- 最初はあんずジャムだったジャムパン …… 080
- 優しい甘みレーズンパン …… 081
- ウグイスは入ってないけどうぐいすパン …… 082
- 素朴な甘い味の甘食 …… 083
- 層状の生地が特徴のデニッシュ …… 084
- 非常時にも安心!乾パン・保存パン …… 085
- 総菜パンの王様カレーパン …… 086
- パンと麺の意外な組み合わせ 焼きそばパン …… 088
- ボリューム満点コロッケパン …… 089
- 海外でも人気な日本のパン …… 090

コラム03
たくさんあるパンの記念日 …… 092

003

知ると楽しい！パンのすべて もくじ
進化し続けるおいしさのひみつを大研究

第5章 パンと文化

- 5つのパンで5000人が満腹 …………… 094
- 断食に欠かせない栄養豊富なパン …………… 095
- さえずりよりもパン！ …………… 096
- 不運は続いてしまう？ …………… 097
- まわりへの嫉妬心は人類共通 …………… 098
- 時代によって言葉の意味も変わる …………… 099
- バゲットを裏返しに置いてはいけない …………… 100
- 耳、かかと、皮 …………… 101
- コース料理のパンマナー …………… 102
- かぶりつかない・スープに浸さない …………… 103

コラム04
発祥は明治時代！パン食い競争 …………… 104

第6章 もっとおいしく 広がる パンアレンジとご当地パン

- 温めることで焼き立ての味に …………… 106
- 組み合わせ無限大のトーストアレンジ …………… 107
- 変幻自在なサンドイッチ …………… 108
- ファストフードの王様ハンバーガー …………… 109
- フランスとは関係ない！？フレンチトースト …………… 110
- 相性バッチリパングラタン …………… 111
- 塗って、付けて、さらにおいしく …………… 112
- 北海道・ようかんパン …………… 113
- 青森・イギリストースト …………… 114
- 長野・牛乳パン …………… 115
- 滋賀・サラダパン …………… 116
- 鳥取・マイフライ …………… 117
- 高知・ぼうしパン …………… 118
- 福岡・マンハッタン …………… 119

コラム05
パンかブレッドか？ …………… 120

- 用語集①［パンの製法］ …………… 121
- 用語集②［パン作りに使う道具］ …………… 122
- 用語集③［パン用語］ …………… 124
- 参考文献 …………… 126

004

この本の使い方

この本は6章から構成し、以下のような内容を網羅しています。

第1章 世界と日本、パンの歴史

この章では1万年以上前にさかのぼり、パンの歴史を伝えています。

第2章 パンの化学

この章ではパンを化学の視点から見つめ、まとめています。パンづくりの工程や発酵の仕組みがわかります。

第3章 世界のパン

世界各国の特徴が出ているパンを紹介しています。

第4章 日本のパン

日本独自の個性的なパンを紹介しています。

第5章 パンと文化

国によっても異なるパンと文化の違いを探ってみました。

第6章 もっとおいしく 広がる パンアレンジとご当地パン

アレンジの仕方でおいしさが広がるパンの数々と日本全国のご当地パンを紹介いたします。

005

はじめに

食べておいしい、
知って楽しい

　みなさんの大好きなパンについて、その歴史、材料、世界のいろいろな国と日本のパン、文化とのつながりやアレンジなどについてさまざまに紹介しています。本当はパンには、本1冊にはとてもまとめきれない、もっともっと広くて深い世界が広がっています。そこで本書では、題材を厳選してパンの世界の入口を案内することを目指しました。

　本を手に取ったら、1ページ、また1ページとめくってみてください。おいしそうな写真がどんどん出てきます。さらに、本文を読んでいくと、パンについての知識も知ることができます。パンは食べておいしいだけでなく、知って楽しいものなのです。

　最初からでも、気になったところからでも、どこからでも読めて夢中になれる本になっていますので、好きなページから読み進めてみてください。そして、パンについてもっと知りたくなったら、食べたことのないパンを食べ、パンのいろいろなことについて調べてみてくださいね。

第1章

世界と日本、パンの歴史

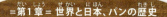

= 第1章 = 世界と日本、パンの歴史

1万4400年前のパンくず

　イラク、サウジアラビア、イスラエル、シリアに囲まれた西アジアの国ヨルダンは北海道と同じくらいの広さの小さな国です。
　2018年、ヨルダン北東部にある中石器時代の遺跡から1万4400年前のパンくずが見つかりました。この発見に世界中の研究者はとても驚きました。これまで最古のパンはトルコにある9100年前の遺跡で見つかっていたのですが、それよりも5000年も古いパンの痕跡が発見されたからです。
　この遺跡はシュバイカ1（Shubayqa 1）という、農業が始まる前、定住しながら狩猟採集生活を送っていたナトゥフ文化の遺跡です。これまでパンの起源は穀類や豆類を栽培する農耕社会の発達と深い関係があるのではないかと考えられてきました。しかし、農耕社会の発達よりも前にパンづくりが始まっていたことになります。
　シュバイカ1遺跡は今は砂漠の中にあり不毛の地のように見えますが、当時は木が生えていて、穀物や果物、木の実などの食べられる植物がたくさん存在していました。農業が発達する前から、野生の穀物を採集し食材として調理する技術があったのです。

=第1章= 世界と日本、パンの歴史

砕いた穀物と水を混ぜて焼いたのが始まり

世界と日本、パンの歴史

ヨルダンの「Shubayqa 1」という名の土地。ここにある「石を地面に敷き詰めるようにして作られた楕円形の暖炉」に、1万4400年前のパンの跡が見つかった。

Photo by Alexis Pamtos

　シュバイカ1遺跡では、2つのかまどから24粒の焦げたパンのかけらが見つかりました。このパンは、オオムギやヒトツブムギ、エンバクといった野生の穀類や植物の塊茎（地下にできるイモのようなもの）を材料にしたものです。これらを採集し、石などでつぶし粉にして水と混ぜ、できた生地をかまどで焼いていました。このかまどは平らな石でできていて、直径約1mのまるい形をした暖炉のようなものでした。また、私たちが普段食べているふわふわの小麦のパンとは大きく違い、まるくて平べったいパンで粉はザラザラと粗く、砂糖や塩といった調味料が入っていないので味もついていなかったようです。

　採ってきてそのまま食べられる果物とは違い、まずは穀物を粉にするという重労働が必要だったパンは、当時の人々にとっては贅沢品だったのかもしれませんね。

Photo by Rebecca Siegel

「ピタ」や「アラビアパン」などと呼ばれている円形状の平らなパン

パンの科学

世界のパン

日本のパン

パンと文化

もっとおいしく、広がるパンアレンジとご当地パン

009

= 第1章 = 世界と日本、パンの歴史

粗い粒から粉へ

　今から8000年から6000年ほど前の古代メソポタミア時代、ザラザラした粉と水を混ぜて焼いたパンは、硬くて平べったいものでした。小麦や大麦には外側に硬い皮があり、これを石で粉にする必要がありました。この時代にはまだ今のようにサラサラの細かい粉を作る技術がなく、粉というよりはザラザラした粗い粒に砕くだけでした。その後、エジプトにも小麦やパンが伝わり、エジプトでは石臼が改良されて外側の硬い皮を取り除き、中身だけを粉にできるようになりました。ただし、このころの粉はそれほど細かくなく、まだ硬い皮のかけらも混ざっていました。現代のように白くてサラサラした粉になるのは、もっと後のことです。

古代エジプトのラムセス3世の墓に描かれたパン焼きの光景

= 第1章 = 世界と日本、パンの歴史

偶然生まれた発酵パン

古代エジプトでは小麦粉がそれまでよりも細かくなったことで、以前に比べて柔らかくおいしいパンを作れるようになりました。あるとき水と小麦粉を混ぜてパン生地を作りましたが、すぐに焼くことができませんでした。しばらく時間がたったあとに見てみると、なんとパン生地は大きくふくらんでいました。このふくらんだ生地を焼いてみると、これまでになくふわふわで柔らかいパンが焼けました。パンがふくらむ「発酵」という現象は、すぐ焼くことができず生地を置きっぱなしにしてしまったという偶然から発見されたのです。

メソポタミア文明
（B.C.6000〜B.C.4000年）
- 小麦栽培発祥
- 平焼きパン（無発酵）

↓

エジプト文明
（B.C.4000〜B.C.3000年）
- 発酵パンの誕生

↓

古代ギリシャへ

世界と日本、パンの歴史

パンの科学

世界のパン

日本のパン

パンと文化

もっとおいしく 広がるパンアレンジとご当地パン

古代エジプトからはじまったといわれる発酵パン。その技術は古代ギリシャへと伝えられる。写真は古いレシピで作った発酵パン（イメージ）

011

= 第1章 = 世界と日本、パンの歴史

パン作り技術の進歩

　パンはやがて古代ギリシャにも伝わりました。この時代、ギリシャでは盛んにワインが作られていました。ワインを作るためのブドウ液にはパンをふくらませるのに必要な酵母が入っていたので、ブドウ液を利用してパンを発酵させることができるようになったのです。また、大きな都市には各地から農産物が集まり、チーズやはちみつ、ドライフルーツやオリーブオイルなどを混ぜたパンも盛んにつくられました。このように保存しやすいパンを安定してたくさん作れるようになったので、都市はますます栄えていったと考えられています。

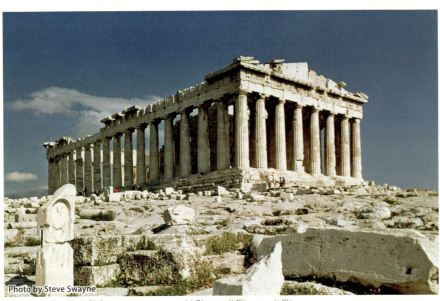

古代ギリシャ発展の象徴ともいえるパルテノン神殿。この時代にパン以外にワインもつくられていた

= 第1章 = 世界と日本、パンの歴史

大人気のパン職人

　紀元前300年代には、古代ギリシャから古代ローマにパン作りが伝わり、さらに発展しました。この時代には、回転式の石臼が発明され、かまどもオーブンのように改良されました。また、小麦粉からゴミや皮を取り除くために、馬のしっぽの毛を編んで作られた「ふるい」が使われるようになり、小麦粉が白くなったのもこの時代です。パンを上手に作れる専門的な知識を持ったパン職人が登場し、パン職人たちは組合を作りました。パン職人は給料も高く、地位も高かったので、いろいろな特権を持っていたと考えられています。

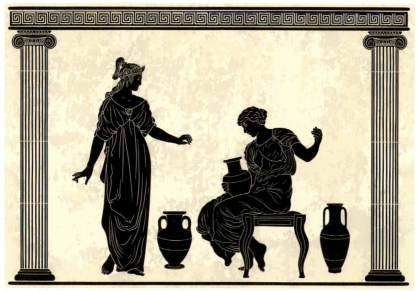

ワインの水差しを手にする古代ギリシャの女性の図。その後、パン作りは古代ローマに伝わる（イメージ）

= 第1章 = 世界と日本、パンの歴史

庶民は黒パン

　ローマ帝国は5世紀に滅び、その後、ヨーロッパでは千年ほどの間、戦乱が繰り返される時代に入りました。このため、パン職人という仕事は一時的になくなってしまいましたが、パン作りはキリスト教の修道院などで受け継がれていきました。そして、キリスト教が広がるのと一緒に、パンもヨーロッパ全体に広がっていきました。このころ、人々が食べていたのは、「黒パン」と呼ばれる硬くて重いパンでした。白い小麦粉を使ったふわふわのパンを食べられたのは、ごく一部の上流階級の人たちだけだったのです。上流階級の人たちが食べていた白いパンよりも、全粒粉の「黒パン」の方がビタミンや鉄分など、栄養的にはすぐれていたため、贅沢な食生活を送れていた上流階級の人たちと違い、庶民にとっては「黒パン」の方が健康面で救われることが多かったのかもしれません。

硬くて重い当時の「黒パン」を再現

=第1章= 世界と日本、パンの歴史

ルネサンスで花開くパン文化

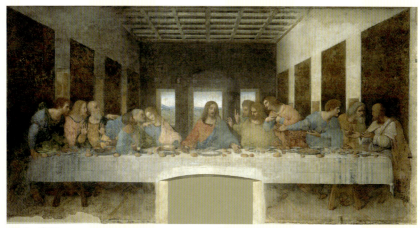

『最後の晩餐』レオナルド・ダ・ヴィンチ（1495〜1498年／イタリア）
イエスはパンをとって「これがわたしの体である」と言ったという

14世紀から16世紀にかけて、イタリアで「ルネサンス」という動きが起こりました。ルネサンスとは、古代ギリシャやローマの文化をもう一度見直そうとする動きです。このころ、ヨーロッパの国々は活気を取り戻し、国王や貴族たちがパン作りに力を入れるようになりました。フランスパンやイギリスパンといった国の名前がつく特徴的なパンは、この時代に生まれたと考えられています。その土地の気候や環境に合ったさまざまなパンが作られるようになりました。例えば、寒くて小麦が育ちにくいドイツや東ヨーロッパ、ロシアでは、ライ麦を使ったパンが作られました。

小麦が育ちにくい地域で作られたライ麦パン
Photo by Rainer Zenz

=第1章= 世界と日本、パンの歴史

発酵の秘密が解き明かされる

昔から、パンをふくらませる方法は経験的に知られていましたが、発酵がどうやって起こるのかは長い間わかりませんでした。17世紀の終わりごろ、顕微鏡を使って発酵を引き起こす微生物である「酵母」が初めて見つかりました。そして19世紀半ば、フランスの科学者パスツールがついに発酵の仕組みを明らかにしました。これをきっかけに、酵母の研究はどんどん進んでいきました。日本では、黒船でペリーが来て開国し、大政奉還によって江戸時代が終わるころのことです。

フランスの科学者 ルイ・パスツール
（1822〜1895年）

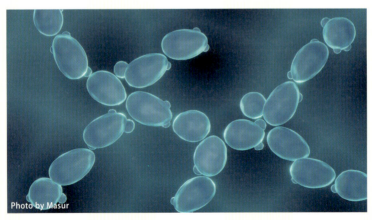

出芽酵母細胞の
クローズアップ

=第1章= 世界と日本、パンの歴史
今に繋がるパン

18〜20世紀にかけて、今私たちが食べているパンの原型が誕生していきます。イギリスでは日本の食パンのもととなるホワイトブレッドが生まれました。フランスではフランスパンが現在のような丸い形や細長い形になっていきました。もともとオーストリアで生まれたクロワッサンは、1770年マリー・アントワネットがフランスに嫁いだとき、一緒に連れて行ったパン職人からフランスに伝わったといわれています。現在ではクロワッサンはフランスを代表するパンの一つになっています。

フランス王妃 マリー・アントワネット（1755〜1793年）

オーストリアで生まれフランスに伝わったクロワッサン

世界と日本、パンの歴史

パンの科学

世界のパン

日本のパン

パンと文化

もっとおいしく 広がるパンアレンジとご当地パン

017

=第1章= 世界と日本、パンの歴史

鉄砲とともに
ポルトガルから伝わる

　1543年に、種子島にポルトガルの貿易船が漂着しました。この船から鉄砲と一緒に西洋風のパンが日本に伝わりました。その後、フランシスコ・ザビエルなどのキリスト教の宣教師によって、パンは日本の各地に広まっていきました。パンには発酵させて作るものだけでなく、「ビスコート」と呼ばれるビスケットのように硬くて保存がきくものもありました。しかし、日本では米が主食だったためパンはあまり受け入れられず、主に外国から来た貿易商人や宣教師たちが食べていました。特に、南蛮貿易が盛んだった長崎県では、パン作りがとても盛んだったようです。

聖フランシスコ・ザビエル（1506～1552年）

「ビスコート」とは、今でいうビスケットに近い食べ物だった（イメージ）

018

=第1章= 世界と日本、パンの歴史

鎖国でパン作りが禁止される

　江戸時代になると、日本は外国との関係を断つ「鎖国」政策を行い、あわせてパン作りも禁止されました。なぜならパンはキリスト教と深い関係があり、キリスト教が禁止されていたからです。そんな中でもオランダとの貿易が続けられていた長崎の出島では、パンが細々と作られていました。

　鎖国が始まって200年後の1800年代半ば、イギリスが攻めてくるかもしれないということで、パンが再び注目されました。ご飯を炊くと火を使うので煙が出てしまい敵に居場所がばれる可能性がありますが、パンならそのまま食べることができるので、敵に見つかりにくく、戦場でとても役に立つと考えられたのです。

長崎の出島にあるオランダ交易所の平面図
（1824〜1825年ごろ）

当時の資料を参考に作り方を再現した「出島パン」

世界と日本、パンの歴史

パンの科学

世界のパン

日本のパン

パンと文化

もっとおいしく 広がるパンアレンジとご当地パン

019

= 第1章 = 世界と日本、パンの歴史

庶民に広がるパン食

1854年に日本は鎖国をやめて開国し、外国との貿易が始まりました。横浜や神戸などの港町には外国人が増えて、外国人向けホテルで本格的なパンが出されるようになりました。江戸時代の終わりごろ、幕府はフランスとのつながりが強かったので、ホテルではフランスパンが焼かれていました。しかし幕府がなくなって明治時代になると、新しい政府はイギリスとのつながりが強かったので、今度はイギリスパンが焼かれるようになりました。このころ西洋風の文化が一気に広まっていきました。ホテルで修業したパン職人が自分たちのパン屋を始めたことで、庶民にもパン食が広まっていったのです。

キッチンでパンを焼くアメリカ人の浮世絵。(1868年ごろ／作者不明)

この時代(1868年)に開業した日本で最初の本格ホテル「築地ホテル館」

= 第1章 = 世界と日本、パンの歴史

あんパンの登場

　銀座木村屋というパン屋を始めた木村安兵衛はパンをもっと日本人にも親しみやすくしようと、あんパンを考え付きました。西洋風のパンは硬くて日本人の口に合わなかったので、しっとりとして少し甘くなるようにパン生地に工夫をしました。さらに饅頭をヒントにして、パンの中に小豆のあんこを入れました。このパン生地と中のあんこはよく合ったので、とても人気が出ました。1875年には明治天皇にも献上され、明治天皇はこのあんパンをとても気に入ったそうです。あんパンに続いてジャムパンやクリームパンなどの菓子パンも次々と誕生し、日本のパン文化は大きく広がっていきました。

あんパンを気に入っていたという
明治天皇（神奈川県立歴史博物館蔵）

饅頭をヒントに生まれた
日本のあんパン

世界と日本、パンの歴史

パンの科学

世界のパン

日本のパン

パンと文化

もっとおいしく広がるパンアレンジとご当地パン

021

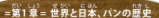

=第1章= 世界と日本、パンの歴史

戦争とパンの関わり

日露戦争ではロシア人の捕虜からロシアのパンの作り方が伝わりました。第一次世界大戦ではドイツ人の捕虜からドイツのパンの作り方が伝わりました。敵だった国の捕虜だけでなく、味方だったアメリカからも砂糖やバターを加えたパン作りが伝わり、広がっていきました。第一次世界大戦のあと日本の景気は良くなり、パン作りの機械化が進んでいきます。第二次世界大戦では主食になる米などが不足したことから、小麦粉に野菜やきな粉などを混ぜて作る代用パンが考案されました。この代用パンはとても栄養豊富だったのですが、あまりおいしくなかったので広まりませんでした。

米に代る食料として大日本帝国陸軍が考案した「興亜パン」。
興亜建国パンの写真（『一千万石目標節米調理法』1940年）

ドイツの大型パン「ブロート」

ロシアのライ麦パン

022

=第1章= 世界と日本、パンの歴史

学校給食に コッペパンが登場

終戦後、食糧不足に困っていた日本に、アメリカから大量の小麦が届けられました。これをきっかけにして、日本のパン作りは再び活発になりました。全国の小学校の給食では、このアメリカ産小麦を使ったコッペパンが出されました。給食でパンを食べ慣れた子供たちは、大人になってもパンが大好きで、主食としてパンを食べる生活スタイルが広まっていきました。そして1964年に東京オリンピックが開催されたことで、世界中のいろいろなパンが日本に紹介されました。和食中心だった日本人の食生活は、どんどん洋風になっていったのです。

小学校の給食（イメージ）

コッペパン

給食にはパンを油で揚げて、砂糖をまぶした「揚げパン」が登場することも

世界と日本、パンの歴史

パンの科学

世界のパン

日本のパン

パンと文化

もっとおいしく広がるパンアレンジとご当地パン

023

= 第1章 = 世界と日本、パンの歴史

お米よりも
パンをたくさん買う

　今日の朝ごはんは、ご飯でしたか？それとも、パンでしたか？夕食はご飯とおかずという組み合わせが定番ですが、朝はパンという人もたくさんいます。2011年には初めて、1年間でお米を買った金額よりもパンを買った金額のほうが多くなりました。お米は分量を量って水加減をし、炊くという手間がかかりますが、パンは買ってきたらすぐに食べられるので、忙しい人々の生活スタイルに合っているのかもしれませんね。さらにコンビニエンスストアやスーパーがあちこちにあり、いつでもいろいろな種類のおいしいパンが買えることも、パン食が広まった理由の一つだと考えられます。

いろいろな種類のパンが増え、パン食が広まることに

スーパーのパン売り場には多数のパンが並ぶ

=第1章= 世界と日本、パンの歴史

長く続くパンブーム

　ここ15年ほど、雑誌やテレビでパンの特集が組まれたり、パンのイベントが開催されたりとパンブームが続いています。街にはおいしいベーカリー（パン屋さん）がたくさんあり、2000年代にはインターネットにパンの写真を投稿する人が増えました。最近はSNSも盛んになり、パンに関する情報を見つけやすくなりました。パンが好きな人たちは、遠くのベーカリーまでわざわざパンを買いに行ったり、コンビニエンスストアの新しいパンをいち早く食べてみたりしています。ただパンを食べるだけではなく、パンを買うところから食べてSNSに投稿するという楽しみ方も広がっているようです。

ベーカリーショップの店頭に並ぶパン

SNSでパンの情報を探してみる

世界と日本、パンの歴史

パンの科学

世界のパン

日本のパン

パンと文化

もっとおいしく　広がるパンアレンジとご当地パン

= 第1章 = 世界と日本、パンの歴史

完全栄養食としてのパン

　一つの食品で一日に必要な栄養の3分の1が取れる「完全栄養食」と呼ばれるパンがあります。これは、食事そのものを楽しむというよりも、必要な栄養を取ることに重点を置いたパンです。忙しい時に1食分の栄養を簡単に取れるので、便利です。ただし、健康には栄養だけでなく、十分な睡眠や運動もとても大事です。これを食べておけば健康になるわけではないことに注意しましょう。また、長く保存できるものは、災害時の非常食として備えておくのもおすすめです。

"やわもち"食感で風味がより豊かに感じられる「BASE BREAD」

完全栄養パン「BASE BREAD」

第2章
パンの化学

= 第2章 = パンの科学

白い小麦、黒いライ麦

■ 小麦粉

主にパンに使われるのはタンパク質を12％ほどと多く含む強力粉です。フランスパン用にはタンパク質が11％ほどの準強力粉が適しています。柔らかい菓子パンなどには、たんぱく質が少なめの中力粉や薄力粉を混ぜて使うことも多いです。

小麦粉		
強力粉	中力粉 (準強力粉)	薄力粉
タンパク質 12％前後	タンパク質 9％前後	タンパク質 7％前後

タンパク質（グルテン）の量で名前が変わる

■ 小麦全粒粉

全粒粉は小麦の胚乳だけでなく表皮と胚芽まで含めて粉にしたものです。表皮は「ふすま」と呼ばれることもあります。食物繊維やミネラル、ビタミンが豊富で、香ばしい風味があります。ただグルテンの形成が弱く、ふくらみの悪い重たいパンになりがちなので、強力粉に一部混ぜて使うのが一般的です。

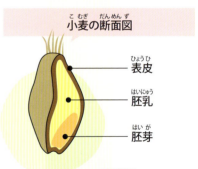

小麦の断面図
- 表皮
- 胚乳
- 胚芽

■ ライ麦粉

寒さに強く黒っぽい色をしたライ麦の粉です。このライ麦を使ったパンはドイツやオーストリア、ロシア、東欧、北欧などで多く食べられています。グルテンの量が少ないのでふくらみにくく、硬くて重いパンになりますが、食物繊維、ミネラル、ビタミンが多く栄養価が高いです。欧米では長らく黒く硬いパンよりもふわふわの白いパンが人気でしたが、最近の健康志向でライ麦も注目されています。

= 第2章 = パンの科学

小麦粉だけじゃない！バラエティー豊かな粉

トウモロコシ粉

トウモロコシ粉はコーンブレッド、コーントルティーヤという薄焼きパンの材料になります。粒の粗さによって呼び名が違い、粗い粒がざらざらとしたコーングリッツ、ほどよい粗さのコーンミール、きめの細かい粉であるコーンフラワーがあります。グルテンが含まれないため、パンにする時には小麦粉と混ぜることが多いです。

米粉

技術の発達で米を非常に細かく砕くことができるようになり、パンの材料としても人気が出ています。米粉パンにはもっちりとした歯こたえとお米の甘み、そして腹持ちの良さがあります。グルテンが含まれていないため、米粉100％で作られたパンはグルテンアレルギーの人でも食べられるのは嬉しいですね。

オーツ麦
タピオカ
大麦

オーツ麦（エンバク）・大麦・タピオカ

小麦やライ麦以外に、オーツ麦（エンバク）や大麦なども、粉にしてパンに混ぜることで独特の風味と質感を楽しめます。また、キャッサバというイモの仲間から作られるタピオカ粉はブラジルのチーズを使ったパンであるポンデケージョの材料となります。

パンの科学

世界と日本、パンの歴史
世界のパン
日本のパン
パンと文化
もっとおいしく広がるパンアレンジとご当地パン

029

= 第2章 = パンの科学

「サッカロミセス・シルヴィシエ」

パンはイーストの働きで発酵し、ふくらみます。ではイーストとは一体何なのでしょうか？日本語ではパン酵母とも呼ばれるイーストは、実は生き物です。生き物といっても動物や植物ではなく、カビやキノコと同じ仲間の菌類です。目に見えないほど小さな生き物であるイーストの働きでパンがふくらみ、風味がもたらされるなんて、不思議ですよね。イーストは数百種類もありますが、その中でもパン作りに最も適した「サッカロミセス・シルヴィシエ」という菌だけを増やして使いやすくしたものが、一般的にイーストと呼ばれています。

パン酵母で発酵させた「クグロフ」

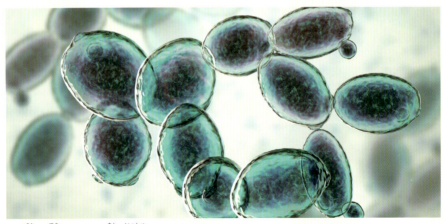

パン作りに適したイースト菌の一種「サッカロミセス・シルヴィシエ」

= 第2章 = パンの科学

果物や植物についている酵母

　私たちの身の回りにも、実はいろいろな酵母菌が存在しています。穀物や果物、植物についているイースト以外の野生の酵母は、天然酵母と呼ばれます。もともとはイーストも天然の酵母ですが、今ではイースト以外のパン作りに使う酵母を特に天然酵母と呼んでいます。使いやすいように特定の酵母を増やしたものが売られているほか、果物や野菜から自分で酵母を増やすこともできます。ただし自分で作った天然酵母は発酵が不安定なので、パン作り初心者には少し難しいかもしれません。

パンを発酵して膨らませるための微生物である「イースト」

自家製酵母は安定しないので、若干のイーストを入れることが多い

世界と日本、パンの歴史

パンの科学

世界のパン

日本のパン

パンと文化

もっとおいしく広がるパンアレンジとご当地パン

=第2章= パンの科学

おいしいパンには塩が欠かせない

　パンを作るのに欠かせない粉と水、イーストに加えて、おいしさや保存にとても大事なのが塩です。塩を入れると、パンの味がとてもおいしくなります。それだけでなく、塩味がベースにあることで、甘みも引きたちます。また、塩を加えるとパン生地がベタベタしにくくなり、きめが細かく弾力あるパンになります。さらに、塩にはパン生地を傷みにくくする働きもあります。このように塩にはいくつもの役割があり、おいしいパンを作るために欠かせない材料なのです。

パン作りの材料に欠かせない塩

=第2章= パンの科学

よりおいしくするために

　パンをよりおいしくするため、砂糖や油、乳製品、卵を使うこともあります。これらの材料には、パンの風味をよくしたり、柔らかくしっとりさせたり、硬くなりにくくしたり、よくふくらませたり、きれいな焼き色をつけたりする働きがあります。どんなパンを作りたいかによって、どの材料をどのくらい使うかを考えます。使う材料によって出来上がるパンの特徴はさまざまに変わります。いろいろなパンを作ることができるのが、パン作りの楽しく面白いところです。

使う材料によって、さまざまなパンを作ることができる

033

=第2章= パンの科学
発酵の仕組み

イーストは目に見えないくらい小さな生き物で、お米の粒の800分の1くらいの大きさです。売られているドライイースト1グラムの中には、約100億個ものイーストが含まれています。パンを作る時、このイーストがパン生地の中の糖分を食べて、炭酸ガスやアルコールを作ります。このことを発酵と呼びます。炭酸ガスは炭酸ジュースの中から出てくる泡と同じものです。パン生地の中に小さな泡が出てくることで、パンはふんわりとふくらみます。アルコールはパンを焼くときになくなるので、パンを食べてもお酒に酔っ払ったようになることはありません。

小麦粉と水を使い酵母で生地を発酵、膨らませる
サワードウスターター

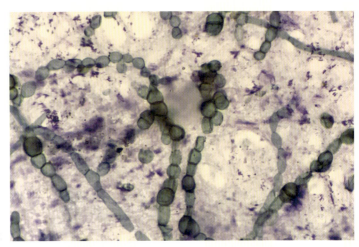

顕微鏡で見た
マクロ出芽酵母細胞

= 第2章 = パンの科学

発酵と腐敗の関係

　発酵とは食べ物に微生物がついた結果、人間にとって良い変化をしていることをいいます。例えば、牛乳がヨーグルトやチーズになったり、大豆が納豆や味噌、醤油になったりするのも発酵の働きです。お酒や漬物も発酵を上手に利用して作られています。反対に食べ物に微生物がついて人間にとって悪い変化をすることもあります。これを腐敗と呼びます。カビが生えたり腐ったりして食べ物が傷んで食べられなくなるのが腐敗の例です。発酵も腐敗も、微生物が食べ物につくことで起こる変化です。しかし、その変化が人間にとって良いことか悪いことかの違いで、発酵と腐敗という全く違う名前が付けられています。

腐敗した果物

発酵の働きで
つくられる
ヨーグルト

035

コラム 01
給食でパンになじんだ戦後の子供たち

　第二次世界大戦後、日本はひどい食糧不足となりました。これを改善するために、アメリカから食糧支援が行われ、小麦粉や脱脂粉乳が大量に届きました。1946年、子供たちの栄養不足を補うために学校給食が始まります。お米が不足していたため、アメリカから支援された小麦粉を使ったコッペパンが給食で出されました。保存がきき、栄養価が安定しているパンは、学校給食の主食として全国に広く採用されたのです。学校給食でパンを食べる習慣ができた子供たちは家庭でもパンを食べるようになり、パンの消費量は年々増加していきました。また、料理をしなくても買ってすぐに食べられるパンは、忙しい家庭で便利な食べ物として人気が高まりました。その結果、食パンや菓子パンの需要がどんどん増えて、1960年代には日本のパン市場は急成長しました。スーパーやパン屋でいろいろな種類のパンが買えるようになり、食パンをトーストしてマーガリンやジャムを塗ったものが日常的な朝食として定着したのです。

再現された日本の昭和時代の学校給食。右下はクジラの竜田揚げ
Photo by Project Kei

コッペパンを用いた日本の揚げパン
Photo by Quercus acuta

1976(昭和51)年にご飯の給食が導入されるまでは、コッペパンが学校給食の主食でした。意外かもしれませんが、おじいちゃんおばあちゃんが子供のころ、給食でよく食べたのはコッペパンだったのです。人気メニューにはクジラの竜田揚げがありました。その後給食のおかずも洋風のものが増えて、カレーライスやソフト麺など今でも人気のメニューが登場しました。特に揚げパンは子供たちに大人気だったそうです。平成・令和になると、給食には外国の料理も出るようになり、国際色豊かなメニューが増えました。皆さんも給食で外国の料理を食べたことがあるかもしれませんね。郷土料理や季節の行事に合わせたメニューなども出されています。カレーは今でも人気がありますが、最近ではカレーライスではなくカレーとナンというメニューで出されることもあります。パンの種類も増えて、食パンやコッペパンだけでなく、ココアパンやチーズパン、ツイストパンやソフトフランスパンなども登場しています。

パンを揚げている様子

=第2章= パンの科学
パン作りの工程1
（こね～ベンチタイム）

パンを作るには、主に7つの工程があります。

①材料を混ぜてこねる

小麦粉と水、イースト、塩などの材料を混ぜます。生地がまとまってきたら、台に叩きつけるようにしてよくこねます。

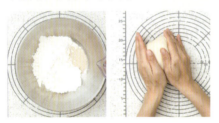

②一次発酵

30度くらいの乾燥しないところにパン生地を置いて、1.5～2倍になるまで発酵させます。オーブンの発酵機能を使うと便利です。

③ガス抜き

生地をやさしく手のひらで押さえて、生地の中にたまった炭酸ガスを抜きます。

④ベンチタイム

生地をパン1つ分ずつに分けて丸めます。その後、形を作る前に生地を少し休ませます。かたく絞ったぬれ布巾などをかぶせて、生地が乾燥しないようにします。

= 第2章 = パンの科学

パン作りの工程2
（成形〜焼き）

⑤成形

焼き上がりの形にパンを整えます。丸くしたり細長くしたりねじったり、型に入れたりすることもあります。

⑥二次発酵

カタチを整えたパン生地が1.5〜2倍になるまで、30度くらいのところで発酵させます。オーブンの発酵機能を使うと便利です。

⑦焼く

オーブンでよい焼き色がつくまで焼いたら、ついに完成です。すぐに取り出して、冷まします。袋に入れるときは冷めてから入れるようにします。

材料の配分や発酵時間、焼き時間などは、作るパンの種類やその日の気温や湿度、オーブンの種類などで変わります。同じように作っても、毎回同じように出来上がるとは限りません。そこがパン作りの楽しいところであり、難しいところでもあります。

=第2章= パンの科学

焼き色と香ばしさの秘密

焼く前のパン生地

焼く前のパン生地は、小麦粉のパンだと小麦粉の白い色、全粒粉やライ麦を使ったパンでは少し茶色です。このパン生地を焼くと、きれいなきつね色になって、香ばしいにおいがします。この焼き色と香りは、「メイラード反応」と「カラメル化反応」という二つの反応で生まれます。

メイラード反応は、加熱によってパンの中の糖とアミノ酸が結びつき、「メラノイジン」という茶色の物質ができる反応です。この反応はパンだけではなく、ほかの料理でもよく見られます。例えばステーキのこんがりした焼き色やにおいもメイラード反応で生まれます。

焼き上がりの香ばしさもパンの魅力

焼き上がるときれいなきつね色に

プリンにかかったカラメル

カラメル化反応は、糖が高温で加熱されて茶色の「カラメル」ができることです。プリンにかかっているカラメルが代表例です。パンの中にも糖が入っていて、焼いている間に表面が高温になり、カラメル化反応が起こります。加熱しすぎるとカラメル化反応が進みすぎて焦げくさくなってしまうので、焼きすぎないように気をつけます。

良いにおいの正体というものは、科学的に分析するととても複雑です。なぜそれを良いにおいだと感じるのかについては、まだ解明されてない点もあるようです。

自家製塩キャラメル シナモン バンズを詰めた天板の接写

= 第2章 = パンの科学

パンの味は何からやってくる?

パンの味は材料そのものの風味と、発酵や焼き上げという過程による風味とが混ざり合っています。材料の風味とは、粉の味、砂糖の甘さ、塩のしょっぱさ、油の風味などです。例えば、バターをたくさん使っているパンはバター風味を強く感じるパンになりますし、使う粉によって土台となる味が変わってきます。さらに発酵によるアルコール類の風味や、加熱によるメイラード反応の風味やカラメル化反応の甘味と焦げた味などが加わります。これらの化学反応による風味物質はとても繊細で、感じるか感じないかギリギリの微妙な風味はたくさんの成分が複雑に絡み合ってもたらされているのです。

たくさんの成分でパンの味が作られる

パンの味に影響する材料の風味

= 第2章 = パンの科学

モチモチvsサクッ

パンにはクラストと呼ばれる表面の焼き色がついた部分と、クラムと呼ばれる中の部分があります。食パンでいうと、耳の部分がクラスト、中の白い部分がクラムです。クラストは焼き具合によって厚みが変わります。しっかり焼くとクラストは厚くなり、サクサク、カリカリとした食感になります。反対にあまり焦がさないように焼けば、クラストは薄くなり、柔らかい食感になります。クラムは材料の配合やこね具合によって食感が変わり、たんぱく質の多い粉を使ってしっかりこねるとモチモチしたかみごたえのあるパンになります。反対にタンパク質が少なめの粉を使ってサッとこねれば、サクッと歯切れがいいパンになります。

外はパリッと中はしっとりモチモチのバターロール

しっかり焼いた厚いクラストのフランスパン

厚いクラストのレーズンパン

世界と日本、パンの歴史

パンの科学

世界のパン

日本のパン

パンと文化

もっとおいしく広がるパンアレンジとご当地パン

=第2章= パンの科学

日本人は柔らかいパンが好き

　ヨーロッパの硬くてずっしりと重いパンに比べて、日本のパンは柔らかくくちどけが良い軽いパンだといわれています。日本は長い間お米を主食にしていたため、私たちは柔らかくしっとりとしたものを好む傾向があり、ヨーロッパの重いパンが口に合いにくかったからだと考えられています。またヨーロッパのパンは時間がたつと硬くなり、パサパサになりやすいものです。ヨーロッパの人々は硬くなったパンをコーヒーやスープに浸して柔らかくして食べる習慣がありますが、この習慣が日本には根付きませんでした。そのため、比較的硬くなったりパサパサになったりしにくい、しっとりと柔らかいパンが発展してきたのです。

ヨーロッパのパンは固めでスープなどに浸して食べる

柔らかくしっとりした角食パン

= 第2章 = パンの科学

菓子パンと総菜パンの人気

　日本のパンで特徴的なのは、菓子パンと総菜パンというジャンルです。もちろん外国にも菓子パンや総菜パンはありますが、日本ほどいろいろな種類の菓子パンや総菜パンが並んでいる国はないかもしれません。スーパーやコンビニエンスストアでは、選びきれないほどいろいろな種類の菓子パンや総菜パンが売られています。海外からの外国人旅行者には、スーパーやコンビニエンスストアに売られている菓子パンや総菜パンを食べることが旅の目的の一つという人も少なくありません。日本の菓子パンや総菜パンは、世界的にも注目されています。

コンビニエンスストアのパン

日本の菓子パン、総菜パン

045

=第2章= パンの科学

パンの栄養

　パンは使う材料によって栄養価が異なり、バターや砂糖を多く使うパンではカロリーは高くなります。小麦粉には糖質、たんぱく質が含まれています。ビタミンやミネラルは胚芽や皮の部分に多く含まれているので、全粒粉パンやライ麦パンではビタミンやミネラルが豊富です。パンを主食として考えると、バランスの良い食事にするためにはおかずと一緒に食べるのが大切です。しかし朝食や昼食では、パンだけを手軽に食べておかずを食べないことがあるかもしれませんね。そういう時は一日単位で栄養バランスを考えて、夕食ではしっかりおかずを食べるように意識してみましょう。

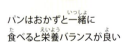
パンはおかずと一緒に食べると栄養バランスが良い

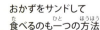
おかずをサンドして食べるのも一つの方法

=第2章= パンの科学

小麦アレルギーでも食べられるパン

　特定の食べ物を食べるとくしゃみや蕁麻疹が出たり、お腹が痛くなったり、呼吸困難になってしまったりする食物アレルギー。小麦アレルギーだと、小麦粉を使ったパンを食べられない場合があります。そんな小麦アレルギーの人でも食べられるパンも開発されています。これまで小麦粉の代わりに米粉だけを使ってパンを作るのは技術的に大変難しく、米粉パンという名前でも小麦粉の成分が加えられていて、小麦アレルギーの人が安心して食べられるものはなかなか見つかりませんでした。しかしここ15年ほどで小麦粉の成分を含まず米粉100％でパンを作る技術が確立されたのです。アレルギー対応のパンも徐々に手に入りやすくなってきました。

米粉で作った抹茶味のマフィン

小麦アレルギーでも食べられる米粉だけを使ったパン

= 第2章 = パンの科学

パンの分類

> パンを分類してみましょう。材料の配合から分類すると2つに分けられます。

リーンなパン

パンの材料が粉とイースト、水、塩といった基本的な材料を使ったパンです。味がシンプルなので、主食に適しています。

リッチなパン

パンの基本材料に加えて、油や乳製品、卵などを配合したパンです。

> 食感によっても分類できます。

ハードなパン

表面はパリッとしていて、内側はモチモチとした食感のパンです。リーンなパンに多く、フランスパンやライ麦パンなどの硬い食感のパンが含まれます。

ライ麦パン

ソフトなパン

柔らかくてふんわりとした食感のパンです。リッチなパンに多く、スーパーやコンビニエンスストアで買えるパンのほとんどはソフトなパンです。

デニッシュパン

第3章
世界のパン

イギリス

白く
シンプルなパン

イギリスでは古くから小麦粉を使った白いシンプルなパンが好まれてきました。紅茶を飲みながら軽食やスイーツを楽しむアフタヌーンティーにぴったりのパンです。

イギリスパン
English Bread

蓋をしないで焼くイギリスパンは、山のような形が特徴です。バターや砂糖をあまり使わないので、日本の食パンよりもキメが粗くあっさりとした味です。薄く切ってカリカリになるまでトーストし、バターやジャムを塗る食べ方が人気です。ティンという焼き型を使うことから、ティンブレッドとも呼ばれます。

イングリッシュマフィン
English Muffin

水分が多く、もっちりとしてかみごたえがあるイングリッシュマフィンは、イギリスの伝統的なパンです。ナイフを使わず手やフォークで半分の高さに割り、こんがりとトーストしてバターをたっぷり塗って食べます。

こだわりの焼き立てパン

フランス

フランスでは焼き立てのパンを買ってすぐに食べるのが一般的です。そのため住宅街のパン屋さんは朝6時ころにオープンします。

バゲット
Baguette

フランス語で「棒」「杖」という意味のバゲットは、その名の通り細長いフランスパンです。表面のパリっとした食感と、こんがりと焼けた香ばしさが特徴です。砂糖や油、乳製品を使わないので、あっさりとした味わいです。いろいろな料理に合うので、食事パンとして人気です。

クロワッサン
Croissant

フランス語で「三日月」という意味のクロワッサンは、バターを折り込んで焼いたパイのような層が特徴のパンです。時間がたってしまったものは、トーストすると風味や食感が焼き立てに近くなり、おいしく食べられます。

051

ドイツ

黒く重い
ライ麦パン

ドイツと言えばサワー種を使った黒くてずっしりと重く酸味のあるライ麦パンがイメージされますが、実はドイツはパンの種類がとても多い国で、その数は1000種類以上になるともいわれています。

プンパーニッケル
Pumpernickel

粗挽きライ麦粉で作るドイツ伝統の黒くて重いパンです。お湯を張ったオーブンで4時間以上、長いものでは20時間もかけて蒸し焼きにするので、とてもしっとりとしています。長い焼き時間で糖類がキャラメル化し、独特の黒い色と風味、甘味をもたらします。

シュトーレン
Stollen

近年日本でもクリスマス時期に人気となるシュトーレンはドイツ発祥です。ラム酒とハチミツに漬け込んだドライフルーツやナッツがたっぷりと入り、とても贅沢な味わいが楽しめます。表面はバターと粉砂糖で真っ白にコーティングされ、常温で2〜3週間保存できます。ドイツでは「アドヴェント」と呼ばれるクリスマス前の4週間に薄くスライスして少しずつ食べます。

イタリア

パスタに負けない
個性的なパン

イタリアと言えばパスタですが、同じ小麦粉を使うパンも日常的に食べられています。南北に長い地形をしているので、それぞれの気候に合わせてさまざまなパンが生まれました。

フォカッチャ
Focaccia

非常に長い歴史を持つパンで、紀元前700年頃、古代ローマ時代から焼かれてきた平焼きパンが源流です。「フォカッチャ」は「火で焼いたもの」という意味で、ピザの原型ともいわれています。平たく伸ばした生地にオリーブオイルを塗り、指先でくぼみをつけて焼き上げます。

パネトーネ
Panettone

ドライフルーツがたっぷりのクリスマス時期によく食べられる菓子パン。ブリオッシュ生地にドライフルーツを贅沢に混ぜ込み、甘くやわらかな味わいです。イーストではなく、サワー種の一種であるパネトーネ種を使うので、保存期間が長いという特徴があります。イタリアでは「アドヴェント」と呼ばれるクリスマス前の4週間に、親戚や友人に贈る習慣があります。

世界と日本、パンの歴史

パンの科学

世界のパン

日本のパン

パンと文化

もっとおいしく 広がるパンアレンジとご当地パン

053

さまざまな デニッシュ

デンマークを代表するパンは、「デンマークの」という意味を持つデニッシュです。ただしデニッシュというのは外国での呼び方で、デンマークではウィーン風パンという意味の「ヴィエンナブロート」と呼ばれています。

「ヴィエンナブロート」と呼ばれるデニッシュ

ラージクリンゲル
Large Kringle

誕生日やクリスマスなどのお祝いに欠かせない大きなパンで、「め」の字に似た形が特徴です。バターがたっぷりのデニッシュ生地の中にはカスタードクリームとラムレーズンが入っていて、表面にはアーモンドスライスがのっています。

トレコンブロート
Trekornbroad

「3つの穀物のパン」という意味をもつトレコンブロートは、表面にゴマがびっしりついたインパクトがある見た目の伝統的なパンです。小麦粉、小麦全粒粉、ライ麦粉の3種類の穀物が使われています。表面だけでなく中にもたっぷりと入ったゴマがとても香ばしく、サーモンや白身魚とよく合います。

054

寒い国の ライ麦パン

フィンランド

フィンランドは寒い国なので、良い小麦が育ちにくく、ライ麦パンが主流です。フィンランドの人々はパンが大好きで、朝昼夜の3食ともパンを食べることが多いそうです。

コルバプースティ
Korvapuusti

コルバプースティは英語で「叩かれた耳」と訳されるシナモンロールです。ロールの断面が上ではなく横にあり、少し潰れた形が耳に似ているのかもしれませんね。カルダモンというスパイスが使われていていいにおいがします。フィンランドではコーヒーと一緒に食べる菓子パンとして大人気で、多くのカフェやパン屋さんで売られています。

レイカレイパ
reikäleipä

西フィンランドの伝統的なパンである「レイカレイパ」は、フィンランドでいちばんポピュラーなライ麦パンです。平べったくて穴の開いた面白い形をしています。これは昔は真ん中の穴に棒を通して乾燥・熟成させていたからだそうです。

055

中国

蒸しパンが主流

中国北部は寒く雨が多くないので米があまり育ちませんが、小麦は良く育ちます。そのため中国北部では米ではなく小麦が主食になりました。ほかの国では焼いて作るパンが多いですが、中国では蒸して作る蒸しパンが一般的です。

中国では蒸しパンが一般的

饅頭
マントウ

具の入っていない、肉まんの皮だけの部分のような蒸しパンです。濃い味つけの中華料理とよく合う、優しく淡泊な味わいです。中国北部では主食として、上海や香港など南部では軽食として食べられます。熱々の蒸したてが柔らかくておいしく、時間がたつと表面が乾燥して硬くなってしまいます。

包子
パオズ

日本で中華まんと呼ばれている、具や餡の入った蒸しパンです。中の具は、豚肉やロバの肉などの肉類、白菜やニラなどの野菜類、あんこやカスタードの甘いものなどいろいろなものがあります。点心の一種として有名な小籠包も、包子の一種です。

056

インド

噛み応えのある平たいパン

インドのパンは平べったくて噛み応えがあるものが多いです。インドと言えばカレーですが、パンとカレーという組み合わせは主にインド北部の食べ方で、インド南部ではパンではなくお米が主食となっています。

ナン
Naan

インドだけでなく、パキスタンやアフガニスタン、イランなどでも食べられているパンです。タンドールという壺の形をした窯の内側に張り付けて焼くのが正式ですが、オーブンで焼くこともあります。焼き上がったら表面に油を薄く塗ります。

チャパティ
Chapati

小麦全粒粉を使った、茶色で平べったい無発酵の薄焼きパンです。直径20センチほどの円盤の形をしています。北インドで一般的な主食で、家庭で作られます。インドだけでなく、パキスタンやバングラデシュ、ネパールでも日常的に食べられています。タンドール窯で焼くナンとは違い、トワーという鉄板やフライパンで焼きます。

057

アメリカ

移民がもたらしたパン

　さまざまなルーツを持つ人々が混ざり合う国であるアメリカには、多種多様なパンがあります。原住民のパン、移民が持ち込んだパン、アメリカで発展してきたパン。今では世界中のいろいろなパンがアメリカで食べられています。

ハンバーガー

バン
Bun

　英語圏では小さな丸型や細長い形のパンを「バン」と呼びます。日本語では複数形の「バンズ」という呼び方のほうが一般的です。丸型のものはハンバーガーに、細長いものはホットドッグにします。ハンバーガー、ホットドッグのどちらも、アメリカを代表するファストフードです。

ベーグル
Bagel

　19世紀の終わりころに、移住してきたユダヤ人によって持ち込まれました。焼く前に一度ゆでることで、表面が滑らかになりツヤが出て、中は目が詰まってもっちりとした食感になります。半分の高さに切ってクリームチーズとスモークサーモンをはさむと、ニューヨークで定番の朝食になります。

サーモンとクリームチーズのベーグル

ロシア

文化に深く根付いたパン

ロシアは国の大部分が寒く、小麦の栽培に適さないため、主に黒いライ麦パンが食べられています。ただ南部では小麦が取れるところもあるので、白い小麦パンも親しまれています。大切なお客様をパンと塩でもてなすという風習があり、パンが文化と深く根付いています。

ピロシキ
Pirozhki

生地で肉や魚、野菜、ジャムなどを包んだパンで、ロシアやウクライナ、ベラルーシで好まれているパンです。日本では油で揚げたものが一般的ですが、ロシアでは焼いたもののほうが主流です。パン生地だけでなくパイ生地で作られることもあり、形も四角や丸、だ円などさまざまです。

カラヴァイ
Каравай

結婚式やお祭りでは、花や葉、鳥の模様で飾ったカラヴァイと呼ばれる大きな丸いパンが登場します。結婚式前夜に新郎の母がこのパンを焼き、新郎新婦がそれにかぶりつく風習があります。

世界と日本・パンの歴史

パンの科学

世界のパン

日本のパン

パンと文化

もっとおいしく広がるパンアレンジとご当地パン

059

中南米

トウモロコシや キャッサバを使ったパン

中南米のパンは、スペイン・ポルトガルに植民地化される前から食べられていたものと、植民地化をきっかけに持ち込まれて発展してきたものという二つのルーツがあります。

アレパ
Arepa

植民地化される前から食べられている、すりつぶしたトウモロコシを使った薄焼きパンです。焼くだけでなく、揚げたりゆでたり蒸したりして作られることもあります。肉や野菜、チーズを添えたり、半分の高さに切り込みを入れて具材を詰め込んでサンドイッチのようにしたりして食べます。

コロンビア　ベネズエラ

ポンデケージョ
Pão de queijo

ブラジル

ポルトガル語で「チーズのパン」を意味するポンデケージョは、ブラジルでは定番の朝食です。キャッサバイモのデンプンであるタピオカ粉を使うため、モチモチとした弾力のある食感をしています。使うチーズによっても味が変わり、砂糖で甘くしたもの、塩味のものなどとても多くの種類があります。

060

フェスティバル
Festival

ジャマイカ

トウモロコシ粉と塩、砂糖を使った生地を揚げた、少し甘めの細長い揚げパンです。辛いスパイスを使った肉や魚のジャマイカ料理の付け合わせとして出されます。「お祭り」という意味のパンがあるなんて、おもしろいですよね。明るくて楽しい食事になりそうです。

サルティーニャ
Salteña

ボリビア　アルゼンチン　など

大きな餃子のような見た目がユニークなサルティーニャは、ボリビアで人気のパンです。早朝から公園や道端で売られていて、正午までには売り切れてしまうことが多いそうです。中には肉やゆで卵、玉ねぎやジャガイモなどを細かく刻んで砂糖、塩、酢、香辛料で味付けした具材が入っています。とても汁気が多く、一口かじると中のスープがあふれ出します。

世界と日本、パンの歴史

パンの科学

世界のパン

日本のパン

パンと文化

もっとおいしく 広がるパンアレンジとご当地パン

061

東南アジア

独自の進化をしたパン

フィリピンはスペイン風、ベトナムはフランス風、マレーシアはイギリス風といったように、食文化も植民地支配の影響を受けました。米が主食の国が多いですが、パンも広く食べられています。

バインミー
bánh mì

ベトナム

バインミーはベトナムの国民食とも呼ばれるほどポピュラーなサンドイッチです。柔らかめのフランスパンに肉類や野菜の甘酢づけ、パクチーなどのさまざまな具材をはさみ、ニョクマムという魚が原料のソースで味付けをします。近年日本でも注目されています。

エンサイマダ
ensaymada

もともとはスペインのマヨルカ島発祥の菓子パンです。スペインの植民地になったことでフィリピンに持ち込まれ、フィリピン風に進化しました。スペインではパン生地にラードを入れますが、フィリピンではバターを使ったブリオッシュ生地で作られます。細切りのチーズやグラニュー糖をトッピングした渦巻き型が特徴的です。

フィリピン

シンガポール

カヤトースト
kaya toast

トーストした食パンにカヤジャムと薄く切ったバターをはさんだカヤトーストは、シンガポールで定番の朝食メニューです。カヤジャムはココナツミルクと砂糖、卵、パンダンリーフというハーブで作られた東南アジアでポピュラーなジャムです。カヤトーストと半熟卵に甘いコーヒーを合わせるのが一般的です。

タイ

ロティ
โรตี

インドやパキスタン、アフリカ諸国でも食べられている無発酵の平焼きパンであるロティは、タイではスイーツとして大人気です。街のいたるところにロティを売る屋台があり、その場で出来立てを食べることができます。クレープや薄いパンケーキのような感じで、バナナや卵、マンゴーやチョコレートなどいろいろな具材があり、練乳などをかけて食べます。

鉄板でロティを焼いている様子

世界と日本・パンの歴史

パンの科学

世界のパン

日本のパン

パンと文化

もっとおいしく 広がるパンアレンジとご当地パン

中央アジア

タンディール窯で焼かれるパン

ユーラシア大陸の真ん中に位置する中央アジアは、シルクロードの中心地でした。タンディール窯と呼ばれるつぼ型の窯の内側に張り付けてパンを焼きます。タンディール窯の中は350度もあり、短時間で香ばしいパンが焼けます。

ノン
HOH

ノンは中央アジアで広く食べられている伝統的なパンです。円形の平べったい形をしていて、「チェキチ」と呼ばれる大きなスタンプのような道具で表面に模様が押し付けられています。見た目の美しさのためだけではなく、パンがふくらみすぎないようにするために模様をつけているそうです。模様はさまざまで、パンの大きさも大きいものから小さいものまでいろいろな種類があります。タンディール窯で焼かれたノンは、外側はパリッと内側はふんわりとした食感です。

ウズベキスタン　タジキスタン
など

さまざまな模様が特徴のノン

タンディール窯で焼かれるパン

カザフスタン　キルギス
など

バウルサク
бауырсақ

日常からお祝い事までよく食べられている丸型や三角形の揚げパンです。シンプルなパン生地を揚げたものから、卵や砂糖を加えた甘いものまでいろいろな種類があります。屋台や市場で手軽に買えるほか、カフェなどでも提供されています。お祝い事や家族が集まるときには、家庭で手作りされることも多いです。

バウルサクは中央アジアの人々の伝統的な食事

サムサ
самса

サムサは肉と玉ねぎを塩とスパイスで味付けした具材の入ったパンです。現地ではハンバーガーと並べて売られていて、ファストフードとして親しまれています。パン生地のものやパイ生地のものがあります。伝統的にはタンディール窯で焼かれますが、最近はガスオーブンで焼かれるものもあります。外側は香ばしく焼き上がり、内側は肉汁あふれるジューシーな食感です。

トルクメニスタン　ウズベキスタン　カザフスタン　キルギス
ほか

世界と日本、パンの歴史

パンの科学

世界のパン

日本のパン

パンと文化

もっとおいしく広がるパンアレンジとご当地パン

065

世界一 パンを食べる国

トルコ

トルコは2000年に国民一人当たりのパン消費量が最も多い国としてギネス記録を樹立しました。なんと達成時の消費量は199.6kg！トルコの人々は食事でもおやつでもパンをよく食べます。

エキメキ
Ekmek

エキメキはトルコ語で「パン」を意味し、日常的に主食として食べられています。形も棒状のものや平らで内側が空洞になっているものなどさまざまな種類があります。トルコ料理のスープや焼いた肉、サラダなどとよく合うシンプルな味わいです。

シミット
Simit

15世紀ころから作られていたという歴史の古いパンです。ドーナツのようなリング状で、表面にはびっしりとゴマがついています。街の屋台としてとてもポピュラーで手軽に買うことができ、朝食や軽食としてとても人気があります。

イスタンブールのシミットを乗せたカート

中東

平焼きパンが主流

中東では、パンの始まりともいえる無発酵の平べったいパンの流れをくむ平焼きパンが、今でも広く食べられています。

ピタ
pita

小麦粉に水、塩、砂糖、酵母を加えて1時間ほど発酵させ、高温のオーブンで一気に焼く直径20センチほどの平焼きパンです。中が空洞になるので、英語ではポケットパンとも呼ばれています。半分に切ってポケットになっている空洞に肉や卵、豆や野菜などをはさんでサンドイッチのようにして食べるのが定番です。

ギリシャ　エジプト　レバノン

シリア　ヨルダン　など

バルバリ
Barbari

イランの朝食メニューの定番です。スケートボードのようなだ円形が特徴の平焼きパンで、大きなものでは30センチ×80センチのものもあります。表面にはゴマやキャラウェイシードというスパイスがまぶされていて、外側はカリッと、中はモチモチしていて、食べ応えがあります。

イラン

世界と日本、パンの歴史

パンの科学

世界のパン

日本のパン

パンと文化

もっとおいしく、広がるパンアレンジとご当地パン

067

オーストラリア

開拓者の伝統的なパン

オーストラリアでは、開拓時代の厳しい環境の中で手早く作れるパンが発展してきました。この伝統的なパンは今でもアウトドアで人気です。

Photo by Alpha

ソーセージシズル
Sausage sizzle

ソーセージシズルはオーストラリアのバーベキューで定番です。ソーセージと玉ねぎを焼き、パンではさんでトマトソースやバーベキューソースをかけてサンドイッチやホットドッグのようにして食べます。週末のホームセンターや選挙の投票所では、チャリティ目的でソーセージシズルを作って売るイベントが催され、売り上げは寄付されるそうです。

ダンパー
Damper

ダンパーは、酵母を使わずに重曹でふくらませるパンです。基本的な食糧である小麦粉と塩を持ち、何週間または何か月も移動しながら生活する人々が伝統的に作ってきました。発酵を待つ必要がなく、キャンプファイヤーの炭火の中で焼けるので、現在でもキャンプの時の食事として人気があります。オーストラリアだけでなく、ニュージーランドでも食べられています。

068

東アジア

独自のアレンジを加えたパン

韓国や台湾には、日本統治時代に日本のパン作りが伝わりました。甘い菓子パンは今でも人気があります。近年は逆に、現地で生み出された独自のパンが日本に入ってきてブームになることもあります。

フージャオビン
胡椒餅

台湾の屋台で定番の軽食です。肉まんを焼いたようなもので、生地の中に肉汁たっぷりの具が入っています。具は豚肉と青ネギがベースで、コショウなどのスパイスが効いています。高温の窯の壁に貼り付けて焼き上げるので、外側はカリッと、中はモチモチとした食感です。

フージャオビン（胡椒餅）を焼いている様子

台湾

マヌルパン
마늘빵

最近日本でも流行したニンニク風味のパンです。丸型で柔らかめのフランスパンをガーリックバターに浸し、甘いクリームチーズをはさんだ甘じょっぱい味で、屋台料理として人気があります。マヌルは韓国語でニンニクを意味します。

韓国

069

コラム02 関西は厚切り、関東は薄切り

　実はよく売れる食パンの厚さが関西と関東では違います。関西では4枚切りや5枚切りの厚切りが人気で、8枚切りはあまり売られていません。これに対して関東では、6枚切りや8枚切りが人気です。ではそもそも食パンの厚さはどのようにして決まっていったのでしょうか。

　第二次世界大戦後、進駐軍はサンドイッチ用の8枚切り食パンを作るように指示していました。当時の製造技術では、今のようなふんわりとした食感ではなく、厚く切ると硬さを感じてしまうため、薄切りにしていたという事情もあったようです。しかしその後、小麦粉の質や製パン技術が良くなったことで、厚く切ってもふんわりとした食感が実現できるようになり、パンメーカーは6枚切りを大々的に売り出しました。これが現在関東で6枚切りが主流となった流れだと考えられます。ただ、関西で厚切りが好まれる理由ははっきりしません。関東ではアンパンが人気でおやつとしてパンが食べられていました。一方関西には、神戸や大阪でパンを食事として食べていた外国人がいました。この影響を受けてパンを食事と考える人が多かったので、よりボリュームのある厚切りのパンが求められたのかもしれませんね。

食パン（6枚切り）

フレンチトーストの朝食。関西は厚切り、関東は薄切り

第4章
日本のパン

最もポピュラーなパン
食パン

蓋をしないで焼くので、生地が上に膨らみ盛り上がるのが特徴

断面写真

山食パン

　発酵させた生地を長方形の型に入れ、蓋をせずに焼いた食パン。焼くと生地が上に膨らみ、上辺が山のように盛り上がります。角食パンと比べると、ややきめが粗いのが特徴。明治時代イギリス人がこの形のパンを作っていたため、「イギリスパン」とも呼ばれます。

角食パン

　発酵させた生地を長方形の型に入れ、蓋をして焼いた、断面が正方形に近い形の食パンです。蓋で閉じるので水分が保たれ、しっとりときめ細かくなめらかです。アメリカのプルマン社製の列車に似ていることから「プルマン食パン」と呼ばれることもあります。

長方形の型に入れて、蓋を閉じて焼くので、断面は正方形

断面写真

巻いてなくても
ロールパン

断面は丸型、渦巻き型、バターロール型などバラエティに富んでいます

断面写真

　ロールパンと聞くと、その名の通り巻かれた楕円形で手のひらに乗るくらいの小さなパンが思い浮かびますよね。それはバターの配合が多い「バターロール」です。しかし中には巻いていないロールパンもあります。そもそも丸や楕円などに成形され、型を使わずに焼く小型のパンを総称して英語で「ロール」、フランス語では「プチパン」と呼びます。小さなパンの総称なので、丸型やコッペパン型、渦巻型などさまざまな形のものがあり、テーブルロールと呼ばれることもあります。

　市販品ではメーカーごとに複数のロールパンがラインナップされています。バターの配合が多いもの、レーズンやナッツが入っているもの、あんこやクリームが入っているもの、食べるときに塗らなくていいように中にマーガリンが注入されているものなど、朝食やおやつに手軽に食べられるので人気があります。

世界と日本 パンの歴史

パンの科学

世界のパン

日本のパン

パンと文化

もっとおいしく 広がるパンアレンジとご当地パン

日本発祥の
コッペパン

あんこ、ジャム、クリーム、はちみつ、何味がお好み？

断面写真

焼きそばパンとホイップクリームパン

　コッペパンはその語感から海外発祥のパンが日本に入ってきたように思えますが、実は日本生まれのパンだとされています。第二次世界大戦後、給食の主食として採用され、急速に広まりました。「コッペ」の語源ははっきりとしませんが、コッペパンは切れ目が入っていることが多いので、フランス語で切るという意味の「クッペ」が訛ったのではないかという説があります。

　細長いだ円形で、表面は少し硬く、中は柔らかい食感です。味わいはシンプルで、あんこやクリーム、あるいはコロッケや焼きそばなどの具材をはさんで食べるのがポピュラーです。市販品でもいろいろな種類が展開されていて、人気の高さがわかりますね。

元祖菓子パンの
アンパン

アンバターサンドパン

断面写真

どっしりとつまったあんこに、身も心も満たされます

　アンパンが考案されたのは明治初期、なんと今から150年ほども前のことです。硬く水分の少ないヨーロッパ風のパンではなく、もっと日本人になじむものをと考案されました。ご飯を食べ慣れている日本人向けにパン生地を柔らかく改良し、饅頭のように中にあんこを入れたのです。これが大ヒットし、日本の菓子パンの発展の基礎となりました。
　アンパンをもとにした人気キャラクターも登場しました。やなせたかしの「アンパンマン」が好きだったという人も多いかもしれませんね。
　現在では、中のあんこをさまざまに工夫したアンパンを食べることができます。プレーンな小豆のあんこはもちろんのこと、栗やイモのあんこ、さまざまなフルーツのあんこ、あるいはあんことクリームがダブルで入ったものなども市販されています。

世界と日本 パンの歴史

パンの科学

世界のパン

日本のパン

パンと文化

もっとおいしく 広がるパンアレンジとご当地パン

075

120年の歴史
クリームパン

Photo by Ocdp

断面写真

Photo by Ocdp

少し硬めの
カスタードクリームが定番

　クリームパンは120年ほど前の明治30年代に考案されました。シュークリームのおいしさに感動して、そのクリームをパンに入れたのが始まりだといわれています。卵と牛乳と砂糖を使ったカスタードクリームは、栄養のある食べ物として人気になりました。
　半円形に切り込みが入った、グローブに似た特徴的な形のものが多いですが、だ円形や丸型のものもあります。なぜグローブ型のように切り込みが入った形になったのかははっきりとしませんが、発酵させてふくらんだときに空洞ができないように、空気抜きの役割で切り込みを入れたからではないかと考えられています。
　現在ではカスタードクリームだけでなく、ホイップクリームやチョコレート、コーヒー、抹茶などいろいろな種類のクリームを使ったクリームパンが考案されています。焼く前にクリームを詰めてから焼くもの、焼き上がったパンにあとからクリームを詰めるものがあります。

メロンは入っていない
メロンパン

表面のビスケット生地はさっくり食感

断面写真

　メロンパンは丸いパン生地の上に甘いビスケット生地を乗せて焼いた菓子パンです。ビスケット生地には格子模様がついているのが一般的です。歴史は古く、昭和初期には作られていましたが、どのようにして誕生したのかははっきりと分かりません。
　メロンパンという名前ですが、大部分のメロンパンにメロンは使われていません。名前の由来ははっきりしませんが、形がメロンに似ているから、ビスケット生地に使われていた「メレンゲ」がなまったから、などの説があります。関西地方では「サンライズ」という名前で売られていることもあります。また、関西や四国の一部では白あんが入ったラグビーボール型のメロンパンも売られています。
　近年メロンパン専門店が増えるなど、メロンパンブームが巻き起こっています。メロン味のものや、クリームが入ったものなどさまざまなメロンパンが考案されています。

世界と日本 パンの歴史

パンの科学

世界のパン

日本のパン

パンと文化

もっとおいしく 広がるパンアレンジとご当地パン

手作りも楽しい
蒸しパン

材料の配合で
ふわふわになったり
むっちりしたり
食感が変わります

断面写真

黒糖蒸しパン

卵蒸しパン

　小麦粉に水と砂糖、重曹やベーキングパウダーなどを加えて蒸したものが蒸しパンです。酵母を使って発酵させるという工程はありませんが、小麦粉を材料にしてふくらませていることから蒸しパンと呼ばれています。黒糖やサツマイモなど和風のものが多いですが、チーズやチョコレートなど新しい味のものも人気です。焼いて作るパンよりもしっとりとした食感が特徴で、2010年ごろからは米粉を使ったモチモチな蒸しパンも作られるようになりました。

　蒸しパンはイーストやオーブンがなくても家庭で手軽に作ることができます。ホットケーキミックスをベースに野菜や果物、チーズやチョコレートなどの好きな材料を加え、フライパンや電子レンジを使って短時間で作れるので、子供のおやつなどにぴったりです。

どっちから食べる？
コロネ

みっちり詰まった
クリームが嬉しい

断面写真

Photo by 毒島みるく

世界と日本、パンの歴史

パンの科学

世界のパン

日本のパン

パンと文化

もっとおいしく広がるパンアレンジとご当地パン

　コロネという洋風な名前ですが、明治時代に日本で生まれた菓子パンです。コルネとも呼ばれています。渦巻型の巻貝のようなパン生地を焼き上げたあとに、チョコクリームなどをたっぷりと詰めます。フランス語で角や角笛、英語でトランペットに似た楽器を意味する「cornet」にちなんで名づけられたといわれています。チョコクリームが入ったものはチョココロネと呼ばれ、子供から大人までファンの多い人気の菓子パンです。カスタードクリームやホイップクリーム、ピーナツクリームのほか、抹茶クリームやチーズクリームなどバリエーションが豊富です。

　独特の形から、細い方とクリームが見えている太い方のどちらから食べるかで議論が巻き起こることがあります。どこから食べてもおいしいコロネですが、人によって食べ方にこだわりがあるのかもしれませんね。

079

最初はあんずジャムだった
ジャムパン

甘酸っぱいジャムの味を引き立てる紅茶や牛乳と一緒に食べるのがおすすめ

断面写真

Photo by Ocdp

カットしたレモンパン

　アンパンに次いで古い歴史を持つジャムパンは1900年に誕生しました。日露戦争のころ、戦争に持っていく食料としてビスケットにジャムをはさんだものが研究されていて、これをパンに応用してみようと考え出されたのです。このころアンパンはすでにヒット商品でしたが、あんこのかわりにジャムを入れたジャムパンも大評判となりました。
　現在ではイチゴジャムが一般的ですが、初期のジャムパンではアンズジャムが使われていました。当時はイチゴジャムの値段が高かったので、手に入りやすいアンズジャムが使われたようです。今でも伝統のアンズジャムで作られているジャムパンもあります。そのほかにも、リンゴジャムやブルーベリージャム、マーマレード、珍しいところではルバーブジャムを使ったジャムパンなどもあります。

優しい甘み
レーズンパン

レーズンは紀元前13世紀ごろから作られている歴史ある食材です

断面写真

レーズンパンは、パン生地にレーズン（干しブドウ）を混ぜて焼いたパンです。使われるパンは食パン、ロールパン、ブリオッシュ、フランスパンなどさまざまです。どのパンと混ぜても、シンプルなパンの味がレーズンの甘みを引き立てます。レーズンはブドウを乾燥させたものなので、甘みが凝縮されています。砂糖の甘みと比べて自然な優しい甘さがレーズンパンの魅力です。また、レーズンにはビタミンCや鉄分、食物繊維が豊富なので栄養価の高いパンになります。

そのまま食べてもおいしいですが、トーストすると、パンは香ばしくカリッとしてレーズンの甘い香りが引き立ち、食欲をそそります。ハムやチーズなど塩気のある具材をはさんでサンドイッチにすると、甘じょっぱい味わいが楽しめます。

081

ウグイスは入ってないけど
うぐいすパン

うぐいすあんの緑色が目を引きます

断面写真

Photo by 毒島みるく

Photo by チームわかはむ

　うぐいすパンは1930年ごろから販売されているアンパンの一種で、小豆の小倉あんではなく、うぐいすあんが入ったパンです。うぐいすあんは、サヤエンドウ（絹さや）やグリーンピースと同じエンドウ豆の仲間の青えんどう豆で作った緑色のあんこです。ホーホケキョという鳴き声で有名な鳥のウグイスからうぐいすあんと名づけられたと考えられていますが、実際のウグイスは暗く茶色っぽい緑色で、うぐいすあんのようなきれいな緑色ではありません。実はウグイスによく似たメジロという鳥がきれいな緑色をしているので、ウグイスとメジロが間違えられてウグイス色＝緑色という認識が広まったのではないかと言われています。

　ほかのパンと比べて人気がある！という力強いパンではありませんが、根強いファンがいて長く販売され続けているうぐいすパン。ぜひその素朴で優しい味を、一度味わってみてくださいね。

素朴な甘い味の
甘食

Photo by Ocdp

大正から昭和時代にかけて、子供のおやつの定番でした

断面写真

甘食は「あましょく」と読みます。その名の通り、素朴な甘い味わいが特徴です。小麦粉と砂糖、卵、水、バター、重曹などを混ぜて、オーブンで焼いて作ります。イーストは使いませんが、街のパン屋で作られていて、3〜5個くらいを1袋に入れてまとめて売られていることも多いです。重曹でふくらんだ生地は中央が山のように盛り上がり、ころんとしたかわいらしい形をしています。直径は5〜6センチのものが多いですが、大きいものでは10センチほどのものもあり

ます。表面はしっとりとしていて、割ると中身はぼろぼろと崩れやすい食感です。コーヒーや紅茶、牛乳などと一緒に食べると食べやすく、甘い味が引き立っておいしく食べることができます。

甘食の歴史は古く、明治時代に誕生したと考えられています。安土桃山時代にポルトガルからもたらされた南蛮菓子に影響を受けたといわれています。そう考えると、甘食のしっとり感と甘さはカステラに通じるところがあるようにも思えますね。

世界と日本、パンの歴史

パンの科学

世界のパン

日本のパン

パンと文化

もっとおいしく広がるパンアレンジとご当地パン

層状の生地が特徴の
デニッシュ

しっとりふんわり
柔らかい食感が
食べやすくて
大人気

断面写真

　デニッシュは、生地にバターなどの油を練りこみ、砂糖を加えて甘くしっとりとさせた、層状の生地が特徴のパンです。同じく層状の生地が特徴的なパンにクロワッサンがありますが、デニッシュには砂糖が入っているため、クロワッサンよりもしっとりとしていて甘い味になります。砂糖には水分を保つ効果があるので、クロワッサンはサクサク、デニッシュはしっとりとした食感になるのです。

　形や種類はさまざまで、食パン型のもの、小さな丸型のもの、だ円形のものなどがあります。中にチョコチップを入れたものや、カスタードクリームを折り込んだもの、あるいは具材を乗せて焼いた調理パンとして売られているものもあります。油分が多いので飲み込みやすく、甘い味にもしょっぱい味にも合います。スーパーやコンビニエンスストアのパンコーナーを見回してみると、デニッシュ生地を使ったパンをたくさん見つけることができますよ。

非常時にも安心！
乾パン・保存パン

断面写真

何もない時でもたまに食べれば、非常時の練習になりそう！

パンの缶詰（保存パン）

乾パン

　大地震や台風、噴火などの非常時、災害時に役に立つのが乾パン・保存パンです。常温で長期間保存でき、調理が不要でそのまま食べられるので、いざという時のために備蓄しておくととても安心です。

　乾パンは自衛隊の非常用の食糧としても採用されている、かたく焼いたビスケットの一種です。パンという名前がついていますが、食感はかたく、食べると口の中の水分が取られて飲み込みにくく感じるかもしれません。そのため、乾パンの袋には一緒に金平糖や氷砂糖が入っていることが多いです。金平糖や氷砂糖をなめると唾液が分泌しやすくなるので、乾パンを飲み込みやすくする効果があります。

　1995年の阪神・淡路大震災以降には、より食べやすく美味しい保存パンも開発されました。これは缶詰の中にパンが入ったもので、乾パンと違いしっとりとしたパンそのものの缶詰で、菓子パンのような甘い味が主流です。調理しなくても缶を開けるだけで食べられること、食感がよく飲み込みやすいこと、甘い味が非常時のストレスを和らげてくれることなど、非常時向けの保存食として優れた点があります。

085

総菜パンの王様
カレーパン

とんかつからヒントを得て、表面にパン粉をつけたといわれています

　カレーパンは、パン生地でカレーを包み、パン粉を付けて油で揚げたりオーブンで焼いたりしたパンです。揚げたものが一般的でしたが、最近では揚げずに焼いた「焼きカレーパン」も増えてきています。カロリーや油分を控えたいという健康志向の人に、焼きカレーパンは好評です。
　カレーパンは、昭和初期に考案されたと考えられています。当時の人々にとってとても新しく珍しかったので、あっという間に人気商品になって全国に広まっていきました。今では当たり前に思えるカレーとパンの組み合わせも、パンを油で揚げるという調理法も、当時の人々にとっては衝撃的だったのです。

　カレーパンに使われるカレーは、食べるときに流れ出てこないように少しかためのものが使われます。カレーの具材や辛さは店によっていろいろです。甘いカレーでも辛いカレーでも、キーマカレーでもビーフカレーでも、どんなカレーでもカレーパンになったときにはそれぞれのおいしさがあります。
　2000年代に入ると、カレーパン専門店が増えていきます。インターネット上で人気のカレーパンを選ぶネット投票が行われたり、コンビニエンスストアの店内で揚げたカレーパンが販売されたりとカレーパンブームが巻き起こりました。パン屋さんに行くと、ついカレーパンを買ってしまう人は、思っているより

揚げるとパン生地が急にふくらむので、カレーとパンの間にすき間ができます

断面写真

も多いのかもしれませんね。そのくらいカレーパンは不動の人気を誇っています。

カレーパンはなんといっても揚げたてが一番です。時間がたつと、カリカリでサクッとした食感がしんなりしてしまい、中のカレーも冷めてしまいます。そういうときは電子レンジで30秒ほど温めた後に、オーブントースターで表面がカリッとするまで温めると、おいしく食べられます。

専門店でカレーパンを製造している様子

揚げたてのカレーパン

世界と日本、パンの歴史

パンの科学

世界のパン

日本のパン

パンと文化

もっとおいしく 広がるパンアレンジとご当地パン

087

パンと麺の意外な組み合わせ
焼きそばパン

炭水化物×炭水化物の組み合わせがおもしろい

断面写真

焼きそばとパン、どちらも炭水化物の主食でどちらも単品で食事になるのに、なぜか一緒になってしまった焼きそばパン。実は1950年代には作られていたそうで、70年以上の歴史を持つパンです。焼きそばとコッペパンをバラバラで売っていたところ、客に「面倒だからパンにはさんで」とリクエストされてできたといわれています。意外な組み合わせの新しいおいしさが大人気になり、あっという間に広まっていきました。

コッペパンの背中に切れ目を入れ、パンを広げて焼そばをはさんだ形が基本です。焼きそばがパンからこぼれないように、ラップでくるんだり、二重の包装になったりしていることが多いです。焼きそばの具や麺の太さ、味付けに使われるソースなどはさまざまです。焼きそばだけ、パンだけで食べてもおいしいものですが、焼きそばパンにして食べるとそのどちらとも違う新しいおいしさを味わうことができます。比較的値段が安く、ボリュームがあってお腹がふくれるので、学生に大人気のパンです。

ボリューム満点
コロッケパン

パンとコロッケの
ボリュームに大満足

断面写真

世界と日本 パンの歴史

パンの科学

世界のパン

日本のパン

パンと文化

もっとおいしく 広がる
パンアレンジとご当地パン

　コロッケパンは、パンの間にコロッケをはさんだ総菜パンです。背に切り込みを入れたコッペパンやロールパンが使われることが多いですが、食パンやハンバーガー用のバンズなども使われます。バンズを使ったものは、コロッケバーガーと呼ばれることもあります。間にはさむコロッケは、ジャガイモを使ったコロッケが一般的です。コロッケはトンカツ、カレーライスと合わせて大正の三大洋食と言われていて、大正の終わりから昭和の始まりにかけて広まりました。そんなコロッケを銀座の肉屋が総菜として売りに出し、同時にコロッケパンも売ったのがコロッケパンの始まりではないかとされています。

　ふんわりしたパンとしっとりなめらかで少し甘めのコロッケ、そしてそれらをまとめるソースの一体感がコロッケパンの醍醐味です。パン屋やパンメーカーごとに研究を重ねて、パン生地、コロッケの味、ソースの味と量などが決まります。お気に入りのコロッケパンが見つかるように、食べ比べをしてみるとおもしろそうですね。

089

海外でも人気な
日本のパン

日本の菓子パン

黒船がやって来て開国したのをきっかけに広まっていったパンは、ヨーロッパ風のかたくて重いパンから、柔らかくふわふわした日本風のパンに発展しました。ヨーロッパなどでは今でも伝統的なかたいパンが主流の国も多いので、日本の柔らかいパンは驚かれ、注目されています。また、日本独特の甘い菓子パン、いろいろな具材を使った総菜パンも、海外では珍しいので、興味を持たれます。日本人が海外に行って現地風の寿司を食べたときに感じるおもしろさを、海外から日本に来た人は、パンを食べたときに感じているのかもしれませんね。

日本のパンメーカーやパン屋は、海外でもパンを販売していて、人気になっています。日本風のパンはもちろん、現地の食文化に合わせてアレンジしたパンも売られています。海外旅行に行ってスーパーやパン屋に行くと、もしかしたら日本で見慣れたパンやそれに似たようなものが売られているかもしれませんね。

日本のスーパーマーケットのベーカリーコーナー

日本人や日本のメーカーだけではなく、日本のパンに引き付けられた現地の人が日本のパンを販売している場合もあります。たとえば、両親の仕事の都合などで子供時代を日本で過ごした人が、大人になって自分の国に帰国しても日本のパンを忘れられず、パン屋を始めることもあるでしょう。

インターネット、特にSNSが発達した現在では、ネット映えするパンを海外から簡単に見ることができます。おいしそうな見た目のパンの写真や、おいしそうにパンを食べる動画な

どを見た海外の人が、日本のパンを食べてみたい！と思うのは当然かもしれませんね。繊細な技術によって作り出される、見た目が良く高品質でおいしい日本のパンは、世界中から注目されています。

カナダで展開する「日本式」のパン屋

世界と日本、パンの歴史

パンの科学

世界のパン

日本のパン

パンと文化

もっとおいしく 広がる パンアレンジとご当地パン

091

コラム03 たくさんある パンの記念日

4/12 パンの記念日

1842年4月12日に江川太郎左衛門英龍が日本で初めてパンを焼いたとされることにちなんで制定されました。日本のパンの歴史が始まった日といえるでしょう。パン屋でキャンペーンが行われたり特別なパンが売られたりすることもあります。

江川太郎左衛門英龍
（1801～1855年）

代官であった江川家の邸宅。軍用携帯食糧として作った乾パンが、日本で初めて焼かれたパンだといわれる

4/4 アンパンの日

1875年4月4日に明治天皇にアンパンが献上されたことにちなんで制定されました。

5/6 コロネの日

「コ（5）ロ（6）ネ」の語呂合わせにちなんで制定されました。

6/4 蒸しパンの日

「む（6）し（4）（蒸し）」の語呂合わせにちなんで制定されました。

11/28 フランスパンの日

「いい（11）フランス（2）パン（8）」の語呂合わせにちなんで制定されました。

ほかにもパンに関係する記念日はたくさんあります。調べてみたらおもしろそうですね。

第5章
パンと文化

=第5章= パンと文化

5つのパンで
5000人が満腹

キリスト教とパンには深い関わりがあり、聖書にもパンについての記述が数えきれないほどあります。新約聖書には「五千人の給食」というイエス・キリストが5つのパンと2匹の魚で5000人のお腹を満腹にしたエピソードがあります。キリスト教の儀式でパンを食べる機会も多くあります。キリスト教で

パンと魚の奇跡の教会（イスラエル・タブハのガリラヤ湖畔にあるカトリックの教会堂）

は、パンはイエス・キリストの身体でぶどう酒はイエス・キリストの血であるとされています。この考え方を聖餐論と呼びます。教会では「聖餐式」と呼ばれる儀式が行われ、信者はパンをもらい、お祈りをしてから食べます。本来は伝統的なパンを使いますが、現在ではその代わりに食パンを切ったものが使われることが多いようです。

イエス・キリストはパレスチナのベツレヘムで生まれたとされています。このベツレヘム（Bethlehem）はヘブライ語で「パンの家」を意味します。イエス・キリストが生まれたとされる2000年以上前から現在まで地名が残っているわけですから、人々にとってパンがとても重要だったことが分かります。

パンと魚の床モザイク

= 第5章 = パンと文化

断食に欠かせない栄養豊富なパン

イスラム教徒がイフタールの時間に食べる甘いパン

イスラム教では日の出から日没まで断食を行うラマダーンという期間があります。およそ1か月続くラマダーン中はスフールと呼ばれる日の出前に食べる朝食、イフタールと呼ばれる日没後にとる夕食という食事リズムになりますが、長時間の断食を乗り越えるために栄養価の高いパンを食べることが重要です。また、ラマダーン終了後には盛大な祝祭「イド・アル＝フィトル」がおよそ三日間にわたって行われ、地域ごとに様々な甘いパンを作り食べます。

トルコではイフタールにラマザンピデと呼ばれるラマダーン期間中に食べる特別なパンがあります。もちもちとした食感の平たく大きな丸いパンで、お金持ちの人がふるまったり、家族や友人とシェアしたりして食べるのだそうです。

パンやチーズ、バターを食べ、ビールやワインを飲む食生活は、実は中東で始まりました。洋風という言葉からはヨーロッパの食文化だと思いがちですが、もともとは古代に中東で発明されたものなのです。日本ではなかなかなじみが薄い中東ですが、各地域にそれぞれ伝統的なパンが脈々と息づいています。

ラマダーン期間中に食べる、トルコの「ラマザンピデ」

=第5章= パンと文化

さえずりよりもパン！

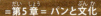

　「Bread is better than the songs of birds.」という英語のことわざがあります。直訳すると、「鳥の歌声よりもパンのほうがいい」という意味です。鳥の歌声は美しくて心を癒してくれますが、空腹を満たすことはできません。それよりも、お腹がいっぱいになるパンのほうが大事だと考えられているのです。

　実はこれと似た意味のことわざが日本語にもあります。それは「花より団子」です。きれいな花を見るよりも、団子を食べるほうがいいという意味で、見た目よりも実際に役立つものを大事にすることを表しています。

　住んでいるところや文化が違っても、同じような意味のことわざがあるのは、とても不思議でおもしろいですね。

「鳥の歌声よりもパンの方がいい」は日本語の「花より団子」

= 第5章 = パンと文化

不運は続いてしまう？

泣っ面に蜂

一つ悪いことが起こったあとに、さらに続けて悪いことが起こったな、と感じたことはありませんか。不運が続くという意味の日本語のことわざは「泣きっ面に蜂」です。つらいことがあって泣いている上に、さらに蜂に刺されてしまうなんて、ひどい状況ですよね。

これに似た英語の表現が、「The bread always falls on the buttered side.」です。直訳すると「パンは落ちると必ずバターのついた側が下になる」という意味です。パンが落ちるだけでも悲しいのに、バターを塗った面が下側になってしまうのは、さらに悲惨です。

「The bread always falls on the buttered side.」はもともとイギリスのことわざですが、「マーフィーの法則」という、ありがちなちょっとおもしろくて悲しい出来事をまとめたものの一つとしても有名です。

不運は続いてしまう？ バター面を下にして落ちたトースト
Photo by EgoVolo

097

= 第5章 = パンと文化

まわりへの嫉妬心は人類共通

　アメリカのことわざ「The grass is always greener on the other side of the hedge.」は「隣の芝生は青い」と訳され、そのまま日本語のことわざとして使われています。他人のものは自分のものよりよく見えるという意味です。「隣の花は赤い」「隣の糠汰味噌」（糠汰味噌＝ぬかみそ）も同じ意味です。ドイツにも、同じ意味のことわざがあります。それは、「Fremd Brot schmeckt wohl.」です。直訳すると「よそのパンはおいしい」という意味です。

　人のものをうらやましく思う気持ちは、どこの国でも同じようです。アメリカでは芝生、日本では花やぬかみそ、そしてドイツではパンを使って表現しています。ドイツではパンが生活に欠かせない大切なものだということがわかりますね。

ドイツでは「よそのパンはおいしい」とうらやむ気持ちを表現します

「隣の家の芝生は青い」はアメリカのことわざ

= 第5章 = パンと文化

時代によって言葉の意味も変わる

フランス語には、「Avoir du pain sur la planche」という慣用句があります。直訳すると「板の上にパンがある」という意味ですが、実際には「やることがたくさんある」という意味で使われます。

昔は「板の上にパンがある」は食料が充分あることを意味した

昔はこの表現が「食料の備えがある」ことを意味していました。パン棚にパンがたくさんあれば、食べ物に困らないという安心感があったからです。しかし、社会が発展し、パンがいつでも手に入るようになると、この慣用句の意味が変わっていきました。今ではパンを買いだめする必要がなくなり、パンが「備え」ではなく「やるべきこと」を表すようになったのです。昔は将来のための蓄えだったパンが、今ではやるべき仕事や課題を象徴するようになったのですね。パンが手軽に買えるようになった現代ならではの、慣用句の変化が興味深いですね。

フランスではパンがやるべき仕事を象徴

099

= 第5章 = パンと文化

バゲットを裏返しに置いてはいけない

魔女の火刑（1555年）から迷信が生まれた

フランスでは、バゲット（棒状のフランスパン）を裏返しにして置いてはいけない、という迷信があります。バゲットを置くときは切り込みの入った方を上にしないと不幸を呼ぶと信じられているのです。現代のフランスでは、若者の中には気にしない人もいる一方で、お年寄りはこの迷信を守ってバゲットを裏返しに置かないように気をつけていることが多いともいわれています。

　この迷信の起源は、なんと500年以上も前にさかのぼります。当時、魔女狩りで処刑を行う死刑執行人のためのバゲットが裏返しで置かれていたこと、または処刑される人に裏返しにしたパンを与えたことからこの迷信が生まれたと考えられています。この由来にはいくつかの説があり、地域によって異なることもあります。

　フランスのパンにまつわる迷信は、文化や歴史と深く結びつき、現代にまで受け継がれています。

フランスではバゲットを裏側にして置くと不運になるという迷信がある

100

=第5章= パンと文化

耳、かかと、皮

食パンの外側の焼けている茶色の部分を「耳」と呼びますよね。よく考えてみると、不思議な表現です。パンには顔も頭もないのに、耳だけがあるのはなぜでしょうか？

実は「耳」には「物のふち、端」という意味があり、なんと鎌倉時代から使われているのだそうです。

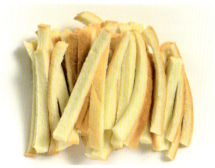

「食パンの耳」は日本的な表現

パンが日本で普及しだした明治前半には、パンの耳という言葉も一般的になっていたと考えられます。

この「パンの耳」という表現は日本独特のもので、海外では別の表現があります。アメリカでは「the heel of the bread」と呼ばれていて、日本語では「パンのかかと」という意味になります。パンのかかと！とてもおもしろいですね。

ドイツやフランスでは「パンの皮」と呼ばれています。食パンではなくバゲットやライ麦パンなど、かたい皮のパンが主流なので、このように呼ばれているそうです。

海外ではパンの"かかと"と呼ばれる

=第5章= パンと文化
コース料理のパンマナー

レストランなどでコース料理を食べるとき、どうやってパンを食べたらよいか戸惑ってしまうかもしれません。そんな時に役立つ、一般的な洋食のテーブルマナーを紹介します。

お店によって、コース料理でパンが出てくるタイミングは異なります。

コース料理のパン

注文後すぐのこともあれば、オードブルの後だったり、スープの後だったりすることもあります。どのタイミングでも、パンは出てきたらすぐ食べて構いません。ただし、主食とおかずの「主食」というイメージのようにパンをどんどん食べて、合間におかずを食べるような食べ方はしないようにしましょう。コース料理では、パンには料理と料理の間に口の中をリセットする役割があるので、一つの料理を食べ終わって次の料理が運ばれてくる間のタイミングでパンを食べるとスマートです。パンがなくなると、追加のパンが運ばれてくることが多いですが、パンでお腹がいっぱいになってしまいメインの料理を残すことがないように、食べすぎに注意しましょう。

レストランのコース料理

=第5章= パンと文化

かぶりつかない・スープに浸さない

大きなパンにかぶりつく瞬間はとても幸せなものですが、コース料理を食べるときにはマナー違反です。

パンを食べるときには、小さ目の一口大にちぎってから食べます。バターが用意されている場合には、先にバターをつけてからパンをちぎるのではなく、ちぎった後にバターを付けて食べましょう。ちぎるときにパンくずが落ちてしまいますが、手で払って下に落としたりせずに、そのままにしておきます。デザートの前などにテーブルクロスに落ちたパンくずをきれいにしてもらえるので、安心してください。

皿に残ったソースをパンでぬぐって食べるのは、カジュアルなレストランでは許容されることもありますが、格式の高い店や結婚式などではマナー違反となります。また、パンをスープに浸して食べるのは、カジュアルなレストランでもマナー違反となりますので、やらないようにしましょう。

そうはいっても、マナーにばかり気を取られていたのでは、せっかくのコース料理が台無しです。パンは一口大にして食べること、スープには浸さないことを心掛けて、なにより楽しい食事の時間を楽しむことを大事にしたいですね。

パンはちぎった後にバターを付ける

103

コラム04 発祥は明治時代！パン食い競争

　パン食い競争は、一昔前の運動会では定番競技でした。ゴールライン手前にぶら下げたパンを口でくわえてとり、ゴールまで走って順位を競います。使われるパンは個包装のアンパンやジャムパン、クリームパンなどシンプルなパンが主流ですが、もっと小さな一口ドーナツなどが使われることも多いようです。以前は学校の運動会のほか、地域で行われる運動会などでも人気の競技でした。パンを口でとる時のユーモラスな動きに、会場は盛り上がったようです。

　パン食い競争の発祥は明治時代だといわれています。明治7年（1874年）アンパン発祥の店からアンパンの失敗作を譲ってもらった海軍兵学寮の運動会でパン食い競争が行われたのが起源だとする説、明治29年（1896年）北海道大学の前身である札幌農学校の運動会で行われた「食菓競争」が起源だとする説などがあります。

　近年では学校の運動会で催されることは少なくなりましたが、幼稚園や保育園の運動会での保護者競技や高齢者サービス施設でのイベントなどで受け継がれています。パンを口にくわえてゴールした人のキラキラした笑顔は、時代が変わっても変わらず輝いています。

第6章

もっとおいしく 広がる
パンアレンジと
ご当地パン

=第6章= もっとおいしく 広がるパンアレンジとご当地パン

温めることで焼き立ての味に

　パンは焼き立てをそのまま食べるのがおいしいものですが、冷めて日にちがたって乾燥してしまっても温め直したり、アレンジしたりして新たな味を発見することができます。

　リベイクはその名の通り「re=再び」、「bake=焼く」で焼き立てのような状態に温め直すことです。最近では家電も進化して、リベイクモードを備えたトースターなども販売されています。単に温めるだけではなく、表面はサクッと、中はふんわりと温まるように制御されたモードなので、焼き立てパンに近い風味が蘇ります。パンは時間とともにおいしさが失われていってしまうので、すぐに食べきれないパンは冷凍し、食べる前にリベイクするという食べ方も広まってきているようです。

リベイクモードを備えたトースター

パンが焼き立てのような状態にリベイク

106

=第6章= もっとおいしく 広がるパンアレンジとご当地パン

組み合わせ無限大の
トーストアレンジ

　トーストはリベイクと似ていますが、新たな焼き色を付けることでサクサクの食感や、より香ばしい風味を加えることを目的に行われます。確かにトーストしていない食パンとトーストした食パンは、全く違う食感ですよね。さらにトーストは、具材を載せて焼くことで、自由自在なアレンジができます。その日冷蔵庫に残っているお惣菜や買い置きのハムやベーコン、チーズ、和風の食材である納豆やしらす干し、海苔などを載せてトーストすると、新たな味と出会えます。また、デザート感覚で食べられるような甘いトーストも人気です。フルーツのように焼くと水分が出るものや、アイスクリームやプリン、ホイップクリームのように溶けてしまう食材でも、トーストしたパンにあとからトッピングすることで、おいしくアレンジすることができます。

トースターでピザトーストを焼く

ガーリックトースト

ピザトースト

107

=第6章= もっとおいしく 広がるパンアレンジとご当地パン

変幻自在なサンドイッチ

　パンにさまざまな具材をはさんだ料理をサンドイッチといいます。パンに具をはさんで食べるという調理法は、古くは古代ローマにまでさかのぼります。世界各地で自然に生まれたと考えられていて、今でも世界各国でその国の風土に合ったサンドイッチが作られています。

ベーシックな「サンドイッチ」

　日本では、薄くスライスした食パンの耳を切り落として作るサンドイッチが主流です。明治25年（1892年）には駅弁として売られていました。日本でベーシックな具は、ゆで卵をマヨネーズであえたもの、レタスやキュウリなどの野菜、ハムやチーズ、ツナマヨネーズ、トンカツやコロッケなどの総菜類などです。それ以外にもさまざまな具材が考案されていて、サンドイッチの進化は止まりません。食事向けのサンドイッチだけでなく、クリームとフルーツをはさんだスイーツ系のサンドイッチも人気です。

　調理法もさまざまで、薄くスライスして耳を切り落とした食パンではさむもののほかにも、スライスした食パンやフランスパンの上に具材をのせたオープンサンドや、具材をはさんで両面をこんがりと焼いたホットサンドなどもあります。

ハム、チーズ、トマト、レタス、トーストしたパンの「サンドイッチ」

=第6章= もっとおいしく 広がるパンアレンジとご当地パン

ファストフードの王様
ハンバーガー

子供たちにも大人気のハンバーガーは、バンズと呼ばれるパンで牛肉のパティなどの具材をはさんだ料理です。パンで具材をはさんでいるので、広い意味ではサンドイッチの一種となります。

子供にも人気の「ハンバーガー」

日本で食べられるようになったのは第二次世界大戦後で、駐留していた米軍から持ち込まれたとされています。1970年ごろからマクドナルド、モスバーガー、ロッテリアといったハンバーガーチェーン店が次々とオープンし、日本にファストフードという新しい食の形が広がっていきました。日本の食文化にあわせて、照り焼き味のものやエビを具材にしたもの、目玉焼きを月に見立てて加えたもの、グラタンコロッケをはさんだものといった日本独自のメニューが考案され、広く愛されています。

ファストフードは日本ではファーストフードと呼ばれることもありますが、語源は「はやい（fast）」です。イギリス風の発音からファーストとも呼ばれているようですが、「一番の（first）」という意味ではないことに注意してくださいね。

日本の食文化にもピッタリの「月見バーガー」

=第6章= もっとおいしく 広がるパンアレンジとご当地パン

フランスとは関係ない！？ フレンチトースト

　フレンチトーストは、卵と牛乳、砂糖などを混ぜた中にパンを浸したあと焼いた料理です。プリンやカスタードクリームのような風味がしみ込んだパンの中の柔らかさと、焼けてカリッと香ばしい表面が一度に楽しめて、食べると幸せな気分になりますね。

　その歴史は意外に古く、類似した料理は4〜5世紀、古代ローマ時代に作られていたといわれています。フレンチトーストという名前ですが、その語源はフランスとは全く関係ないのだそうです。18世紀のアメリカの酒屋店主「ジョーゼフ・フレンチ」が命名したとする説や、アメリカで「ジャーマントースト」と呼ばれていたものの、第一次世界大戦でアメリカとドイツが敵対したので「ジャーマン（ドイツ風）」を「フレンチ（フランス風）」に変えたという説が有名です。

　フランスでは、かたくなってしまってそのままでは食べられないようなパン（＝失われたパン）をよみがえらせるという意味から「pain perdu（失われたパン）」と呼ばれています。フランス語が話されているアメリカやカナダの一部地域では「pain doré（黄金のパン）」とも呼ばれています。

フレンチトースト

=第6章= もっとおいしく 広がるパンアレンジとご当地パン

相性バッチリ パングラタン

　パングラタンは、グラタンの具材や器としてパンを使った料理です。ホワイトソースがパンにしみ込んで、熱々をふうふうしながら食べると絶品です。

　食パンやフランスパンなどが使われることが多いですが、使うパンに決まりはありません。焼き立てから時間がたってしまったパンでも、グラタンと合わせることでとてもおいしく食べることができます。グラタンの具材や味付けも決まりはないので、自分で自由に好きな具材を組み合わせて作ることもできます。パンを具材として使う場合には、小さく切って入れると食べやすいでしょう。器として使う場合には、中身をくりぬいてそこにグラタンを入れて焼きます。1斤まるごとの食パンや大きなフランスパンをくりぬいて使うパングラタンは、ボリュームある一品でインパクトもあり食卓が華やぎます。

パングラタン

グラタントースト

111

=第6章= もっとおいしく 広がるパンアレンジとご当地パン

塗って、付けて、さらにおいしく

パンに塗るものは「スプレッド」と総称します。バターやマーガリンといった油脂はトーストに塗るスプレッドの大定番です。果物に砂糖を加えて煮詰めたジャムも欠かせません。イチゴやブルーベリー、オレンジ（マーマレード）をはじめ、りんごやキウイ、バナナにハスカップといった果物のほか

バラエティに富んだスプレッド

に、ルバーブという野菜や栗といった変わり種のものもあります。はちみつは爽やかなものから濃厚なものまで、花によってさまざまな味わいが楽しめますし、チョコペーストは子供に大人気ですね。和のものではあんこも見逃せません。さらにカスタードクリームやホイップクリームといった定番のものから、チーズやコーヒー、黒ゴマやきな粉のクリームまで、多くの種類のクリームがあります。

　パンにつけるという発想を逆転して、パンをつけて食べるものの一つにチーズフォンデュがあります。もともとは硬くなったパンを柔らかくおいしくする調理法で、チーズを白ワインで煮込んでパンなどをつけて食べます。パン以外に茹でたブロッコリーやニンジンといった野菜やソーセージなどを使うこともあります。

チーズフォンデュ

112

=第6章= もっとおいしく 広がるパンアレンジとご当地パン

北海道・ようかんパン

北海道でよく見られる「ようかんパン」

　北海道で愛されるようかんパンは、背に切れ目を入れたパンにホイップクリームをはさみ羊羹をコーティングしたご当地パンです。コーティングの羊羹は一見するとチョコレートのようにも見えますが、ほんのり透明感のある色合いと質感はよく見ると確かに羊羹。ホイップクリームも羊羹も甘さは控えめで、見た目よりも軽くさっぱりと食べられるパンです。スーパーやベーカリーで売られていて気軽に買えるおやつとして人気があります。ツイスト型や丸型、コッペパン型などさまざまな形があり、中のクリームがカスタードクリームのものや、あんこが入っているものもあります。北海道では複数の製パンメーカーが商品を展開していて、地元での人気の根強さが感じられます。北海道旅行の際には、スーパーやコンビニでようかんパンを探してみるのもおもしろそうですね。

※北海道以外に、静岡県や富山県、高知県にも同じようなパンがありますが、今回は北海道のご当地パンとして取り上げました。

113

=第6章= もっとおいしく 広がるパンアレンジとご当地パン

青森・イギリストースト

グラニュー糖とマーガリンが絶妙なバランス

青森で50年以上愛されている
ご当地パン「イギリストースト」
（工藤パン）

　イギリストーストという名前からは、イギリス発祥のトーストかな？と思えますが、実は青森のご当地パンです。昭和42年（1967年）ころに青森の工藤パンさんから発売されました。イギリスパンとも呼ばれる山型食パンが使われたパンだったので、イギリストーストと名づけられたといいます。50年以上も愛され続ける、今では月に約50万個も売れる大ベストセラーです。

　当初はスライスした山型食パンに、マーガリンとグラニュー糖をかけたものでしたが、やがて2枚ではさむ形に変わりました。青森市の中学・高校の売店でとても人気となり、評判が広まって青森を代表するご当地パンになったといいます。

　一口食べるとジャリジャリとしたグラニュー糖をまず感じ、次いで甘さを引き立てるほんのりしょっぱいマーガリンがとろけてパンと混ざり合います。しっとりとしたパンの食感をいかすため、食パンが焼き上がってからたった2時間半でイギリストーストに加工するなど、こだわりが詰まっています。

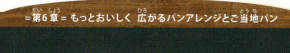

=第6章= もっとおいしく 広がるパンアレンジとご当地パン

長野・牛乳パン

長野県公式観光サイトには多数の
パンメーカーが作った「牛乳パン」
が紹介されている

　ふんわりとした生地にたっぷりのクリームをはさんだ牛乳パンは、長野で大人気のご当地パンです。昭和30年（1955年）ころ、伊那市のパン屋が四角いパンにバタークリームをはさんだのが始まりだといわれています。牛乳パンと名づけられたこのパンの人気が高

クリームをはさんだふんわりとした生地
が人気

まったことからパン組合で作り方の講習会が行われ、長野県内全域に広がりました。同じ牛乳パンという名前ですが、お店によって丸型や長方形など形はさまざまで、パン生地や中にはさむクリームの量や味わいも異なります。
　牛乳パンが広まり始めていたころに、包装業者はいくつかのパン屋に同じ牛乳パンの袋を販売していました。そのため、白地に青色で男の子や牛の絵と牛乳パンという文字が入った、似たようなレトロなパッケージが有名です。

115

= 第6章 = もっとおいしく 広がるパンアレンジとご当地パン

滋賀・サラダパン

滋賀県のご当地パン
「サラダパン」(つるやパン)
たくあんとマヨネーズの意外な組み合わせ

　サラダパンは、滋賀県長浜市発祥のご当地パンです。コッペパンに具がはさまった調理パンで、その名前からサラダがはさまっていると勘違いされがちですが、なんと刻んだたくあんをマヨネーズであえたものがはさまっています。

　まだサラダが「おしゃれなもの」というイメージだった昭和35年(1960年)、つるやパンさんがコールスローサラダをコッペパンにはさんだ初代「サラダパン」を作りました。そのネーミングとおいしさで人気が出ましたが、日持ちせずすぐに傷んでしまうこともあり、早々に販売を終了してしまいます。大量に余ったパッケージを再利用し、具材をたくあんとマヨネーズに変えて、1962年に現在のサラダパンが誕生しました。発売当初はそれほど売れませんでしたが、2000年代になってテレビで紹介されるとその人気に火がついたのです。

　たくあんとマヨネーズの意外な組み合わせ、どんな味なのか一度食べてみたいですね。

=第6章= もっとおいしく 広がるパンアレンジとご当地パン

鳥取・マイフライ

鳥取県のご当地パン「マイフライ」（亀井堂）
薄い食パンにこしあんをはさみ、揚げたパン

　マイフライは、明治36年（1903年）創業の亀井堂さんが作った鳥取県東部のロングセラーご当地パンです。最近はSNSでも話題になり、全国的に有名になってきました。

　マイフライは10枚切りくらいの薄い食パンにこしあんをはさみ、衣をつけて揚げたパンです。パンコーナーで売られているにもかかわらず、そのどっしりとした見た目は厚揚げと見間違うほどの重量感です。

　開発当初は売れ残った食パンを使用していたそうですが、現在は酵素の働きでじっくりと熟成させたこだわりの食パンを使っています。揚げパンなので油分による胃もたれが心配かもしれませんが、衣をつけてから揚げているので見た目ほどの重さはなく、意外にもペロリと完食できてしまいます。食べる前にトースターなどで温めると、余分な油が落ちて外側がカリカリになり、よりおいしく食べられます。焼き立て熱々のところにバニラアイスをのせて食べるのもおすすめです。熱いマイフライと冷たいアイスクリームとがベストマッチしたおいしさを味わってみてください。

117

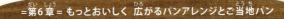

=第6章= もっとおいしく 広がるパンアレンジとご当地パン

高知・ぼうしパン

高知県のご当地パン「ぼうしパン」
大きさや味もバリエーションがさまざま

　まるで麦わら帽子のような見た目がかわいらしいぼうしパンは、永野旭堂さんが考案した、高知で愛されているご当地パンです。帽子のつば部分はカリッとした食感で、真ん中のふかふかのパン生地との対比が楽しめます。

　ぼうしパンが誕生したのは昭和30年（1955年）ころのことです。メロンパンを作っていた時に、ビスケット生地をかけ忘れてしまったことが由来なのだとか。そこから研究を重ねて、ビスケット生地をカステラ生地に変えて、最初は「カステラパン」という名前で発売されました。帽子のような見た目から、お客さんの間でぼうしパンという愛称が定着し、やがてぼうしパンという名前になったのだといいます。現在では店ごとにさまざまなぼうしパンが作られています。あんこやクリームが入ったもの、ベースのパンがクロワッサンのもの、大きさも小ぶりなものから本当に被れる帽子のような大きなものまでいろいろです。帽子のつばにあたる部分がサクサクしていて、この部分だけを商品化した「ぼうしのみみ」も人気があります。

=第6章= もっとおいしく 広がるパンアレンジとご当地パン

福岡・マンハッタン

福岡のご当地パン「マンハッタン」
（リョーユーパン）

　マンハッタンは、昭和49年（1974年）発売のチョコをコーティングしたザクザク食感のリョーユーパンさんが作る福岡ご当地パンです。ニューヨークのマンハッタンで出会ったドーナツを参考に作られたので、その名もずばりマンハッタンとなったのだそうです。ふわふわと柔らかい食感が主流の現在のパンとは違う、驚くほどしっかりしたザクザク食感はインパクト大。甘さは控えめであまり油っぽさもなく、とても食べやすくなっています。学校の売店であっという間に売り切れてしまうので「幻のパン」と呼ばれていたこともあるそうです。現在でも大人気のベストセラーであり、子供や学生の間で特に人気のパンです。
　九州ではスーパーやコンビニエンスストアで定番商品ですが、全国展開はされていません。九州を訪れたら探して食べてみてくださいね。

ザクザクの食感が魅力

パンかブレッドか？

　日本で「パン」と呼ばれるものは、英語では「ブレッド（bread）」と呼ばれています。パンは外来語ですが、英語由来ではないのです。

　実は「パン」は安土桃山時代に伝わったポルトガル語の「pão」がもとになっていると言われています。ポルトガル語はラテン語系の言葉であり、フランス語（pain）やスペイン語（pan）、イタリア語（pane）はすべてラテン語のパンを意味する「panis」を語源としています。

　一方、英語（bread）はゲルマン語系の言葉であり、ドイツ語（brot）やオランダ語（brood）などとともにゲルマン語で醸造を意味する「brauen」が語源となっています。

　ポルトガルとの南蛮貿易で伝わった言葉はパンだけではありません。カステラ、ビスケット、ボタン、カルタ、コンペイトウ、フラスコ、コップ、ジョウロ、などなど。身近なところに、ポルトガル語由来の言葉がたくさんありましたね。

用語集①［パンの製法］

■ ストレート法

　パン作りの基本的な製法で、全部の材料を一度に混ぜてこねます。家庭でパンを作る場合には、ほとんどがストレート法です。弾力があり小麦の風味がよく出た味の良いパンができます。味わいの面でメリットがある一方で、焼きあがった後かたくなるのが早いというデメリットもあります。材料の品質や配合がパンの出来を大きく左右することに加え、全てが一発勝負になるので、中種法に比べると品質を安定させるのが難しいと言えるでしょう。

■ 中種法（スポンジ法）

　最初から全部の材料を混ぜるのではなく、まずは70％ほどの小麦粉と水、パン酵母を混ぜて中種を作り、4時間ほど発酵させ、できた中種に残りの材料を入れて続きを作る製法です。この中種はスポンジと呼ばれているため、スポンジ法ともいいます。パン生地を2工程に分けて作るので手間はかかりますが、ボリュームがあり柔らかな食感のパンができます。ストレート法に比べてパンがかたくなるのが遅く、パン工場で大量生産される場合に主流の製法です。

用語集②［パン作りに使う道具］

◼ クープナイフ

　バゲットなどのハード系のパンにある表面の切り込み（クープ）を入れるために使うナイフです。ナイフ型のもの、カミソリの刃だけを付け替えられるものなどがあります。一体型で柄と刃に継ぎ目がないものは、洗いやすくて便利です。刃がとても鋭いので、取り扱いには十分注意する必要があります。

◼ スケッパー／カード／ドレッジ

　生地を集めたり、こねたり、混ぜたり、切ったりする板状の道具です。もともとは同じ種類の道具ですが、スケッパーは生地を分割するための四角い金属板、カードやドレッジはかまぼこ型をしたプラスチック製の板で柄のないヘラのようなものを指すことが多いようです。

◼ ピケローラー

　ローラー部分についたトゲトゲが特徴的なピケローラーは、パイやタルト、ピザなどの生地に小さな穴をあける道具です。生地全体に小さな穴を均一に開けることを「ピケ」と呼びます。生地に穴をあけることで焼くときに生地から出る水蒸気がうまく抜けるので、生地が部分的にふくらんで形が歪むのを防ぐことができます。

■ アンベラ

　おしゃれな外来語にも見えますが、あんこを包むためのヘラで、アンベラです。詳しい理由は不明ですが、カタカナで表記されることが多いようです。あんこだけではなく、クリームや中華まんの具などを包むときにも使います。ステンレス製のものが丈夫でお手入れも簡単なので人気です。

■ バヌトン

　カンパーニュなどのハード系のパンを発酵させるための籐で編んだカゴです。パン生地がくっつかないように内側に小麦粉をふってから丸めた生地を入れて発酵させます。カゴに入れることで柔らかい生地がたれて広がってしまうのを防ぐのに加えて、ぐるぐるとした渦巻き模様をつけることができます。丸型や楕円型などがあり、最近ではプラスチックやシリコン製のものもあります。

■ 番重

　番重は、食品を運ぶためのフタのない浅い箱の総称です。製パンメーカーとお店の間の通い箱などとして使われています。スーパーやコンビニエンスストアの品出しで、通路に置かれているのを目にしたことがある人も多いかもしれませんね。

123

用語集③ [パン用語]

クープ

バゲットやカンパーニュなどのハード系のパンを焼く直前に入れる表面の切り込みをクープと呼びます。クープがあることで、ひび割れることなくきれいにふくらみます。バゲットの斜めの模様は、最初は一本線の切り込みだったものがふくらんで広がった割れ目なのです。

クラスト

パン表面の焼き色がついたかたい部分をクラストと呼びます。食パンでいう「耳」の部分です。日本語では皮、表皮、外相と呼ばれています。

クラム

クラストの内側にある柔らかい部分をクラムと呼びます。パンの種類によって、密だったり大きめの穴があいていたりします。日本語では内相と呼ばれています。

すだち

クラムの気泡によってできた穴を「す」と呼び、この「す」がどのような状態かを意味する言葉が「すだち」です。パンの種類によって「すだちがよい」状態は異なります。パンを食べるときには、「す」の大きさや形、細かさなどに注目してみましょう。

老化

　焼き立てのパンは柔らかかったのに、時間がたつとパサついたりかたくなったりしてしまう現象を老化と呼びます。0～5度付近だと老化しやすいので、パンを保存するときには老化しやすい温度の冷蔵庫ではなく、冷凍庫にいれるようにすると良いですね。

ケーブイン

　焼き上がったパンの側面や上部がへこんで変形してしまうことを、ケーブインといいます。食パンなど型に入れて焼く大きなパンで起こりやすい現象です。焼く温度が低い、焼き時間が足りない、型に対して生地の量が少ない、生地の水分量が多い、焼けた後に型から出すタイミングが遅いことなどが原因となります。腰折れとも呼ばれます。

フィッシュアイ

　焼き上がったパンの表面にできるブツブツとした白っぽい水ぶくれのような斑点をフィッシュアイと呼びます。油や砂糖をあまり入れないリーンなパンや長時間冷蔵発酵した生地で作ったパンにできやすいようです。梨肌または火ぶくれとも呼ばれます。

参考文献
さんこうぶんけん

- ●『新版パンの図鑑』　社団法人日本パン技術研究所 所長 井上好文 監修（マイナビ出版）2017年発行
- ●『パン語辞典』　ぱんとたまねぎ 著、荻山和也 監修（誠文堂新光社）2023年発行
- ●『パンの科学』　吉野精一 著（講談社）2018年発行
- ●『パン「こつ」の科学』　吉野精一 著（柴田書店）1993年発行
- ●『パンのなぜ？にこたえるパンづくりの科学』　吉野精一 著（誠文堂新光社）2012年発行

- ●https://www.yamazakipan.co.jp/recoinfo/index.html
　山崎製パン株式会社／知る・楽しむ
- ●https://www.pascoshop.com/Page/column.aspx
　Pascoのオンラインショップ／コラム
- ●https://camelia.co.jp/magazine/
　株式会社カメリヤ／カメリヤマガジン
- ●https://www.panstory.jp/index.html
　パン食普及協議会／パンのはなし
- ●https://www.oishii-pan.net/index.html
　おいしいパン.net／パンの知恵袋
- ●https://www.pnas.org/doi/10.1073/pnas.1801071115
　Archaeobotanical evidence reveals the origins of bread 14,400 years ago in northeastern Jordan／PNAS
- ●https://www.panpedia.jp/world/index.html
　おいしいパンの百科事典／世界のパン
- ●https://www.panpedia.jp/knowledge/termtip.html
　おいしいパンの百科事典／パンの用語集
- ●https://www.visitfinland.com/ja/kiji-ichiran/finland-tabemono-bunka/
　ビジネスフィンランド／フィンランドの食文化
- ●https://www.kyoto-seikagijyutsu.ac.jp/blog/weblog/archives/174
　京都製菓BLOG　京都製菓製パン技術専門学校／日本のパンの歴史をご紹介します
- ●https://www.zenkyuren.jp/lunch/
　一般社団法人全国学校給食推進連合会／学校給食の歴史
- ●https://www.jacom.or.jp/column/2022/07/220729-60671.php
　農業協同組合新聞／(292)コメとパンの支出金額推移【三石誠司・グローバルとローカル：世界は今】
- ●https://shop.basefood.co.jp/products/basebread/chocolate
　BASE FOOD／BASE BREAD
- ●https://www.nhk.or.jp/osaka-blog/nandenan/487367.html
　NHK関西ブログ／食パン 関西は5枚？関東は6枚や8枚が多いのなんでなん？
- ●http://www.ginzakimuraya.jp/
　銀座木村家

- https://www.nakamuraya.co.jp/pavilion/products/pro_005.html
  新宿中村屋／クリームパン
- https://www.raisins-jp.org/process/history.html
  カリフォルニア・レーズン協会／カリフォルニア・レーズンの歴史
- https://angel-zaidan.org/contents/series/pan_hen/
  森永エンゼルカレッジ／エンゼル食ラボパン編
- https://awawa.app/pages/article_detail.php?report_no=261&app_no=51&tab_no=0
  あわわWEB／4月12日はパンの日! いろんなパンの記念日を大調査。由来・意味など豆知識を解説
- https://www.newlifeministries.jp/bible_bread/
  新生宣教団／聖書の中の「パン」のお話
- https://www.designstoriesinc.com/europe/baguette/
  designstories Presented by 自分流×帝京大学／
  パリ最新情報「フランスのバゲット、ユネスコ無形文化遺産に決定!」
- https://zatsugaku-company.com/plain-bread-mimi/#st-toc-h-4
  日本最大級のトリビアサイト雑学カンパニー／食パンのふちを"耳"と呼ぶ理由とは?海外では"かかと"!?
- https://www.marinfood.co.jp/bazaar/foodcolumn/2019/85.html
  マリンフード／#85　フレンチトーストの歴史　おいしいものコラム
- https://www.kudopan.co.jp/englishtoast/
  株式会社工藤パン／イギリストースト
- https://www.go-nagano.net/food-and-drink/id21350
  GO NAGANO　長野県公式観光サイト／
  長野のご当地パン『牛乳パン』12種類　販売店や特徴、周辺観光スポットを総まとめ
- https://tsuruyapan.cart.fc2.com/ca1/1/
  つるやパン／サラダパン
- http://www.kameido-inc.com/syouhin.htm#s-myfly
  亀井堂／マイフライ
- https://kochi-marugoto.com/megumi-processed-boushi-pan.html
  高知まるごとネット／ぼうしパン（帽子パン）
- https://www.ryoyupan.co.jp/products/archives/tag/%E3%83%9E%E3%83%B3%E3%83%8F%E3%8
  3%83%E3%82%BF%E3%83%B3
  リョーユーパン／マンハッタン
- https://www.yamazakipan.co.jp/entertainment/pan_ency/index.html
  山崎製パン株式会社／パンのミニ百科
- https://pan-zukan.com/list/word/
  パンズカン／パン用語集

| [　　文　　] | 福島　紀子（福島紀子事務所） |

| [　編　集　] | 浅井　精一 |
| | 本田　玲二 |

[Design·制作]	CD,AD:玉川　智子
	D:里見　遥
	D:渡辺　里織

| [　制　　作　] | 株式会社カルチャーランド |

知ると楽しい！パンのすべて
進化し続けるおいしさのひみつを大研究

2024年12月5日　第1版·第1刷発行

著　者　「パンのすべて」編集部（ぱんのすべてへんしゅうぶ）
発行者　株式会社メイツユニバーサルコンテンツ
　　　　代表者　大羽 孝志
　　　　〒102-0093東京都千代田区平河町一丁目1-8
印　刷　株式会社厚徳社

◎「メイツ出版」は当社の商標です。

●本書の一部、あるいは全部を無断でコピーすることは、法律で認められた場合を除き、
　著作権の侵害となりますので禁止します。
●定価はカバーに表示してあります。
©カルチャーランド,2024. ISBN978-4-7804-2969-5 C8077　Printed in Japan.

ご意見·ご感想はホームページから承っております。
ウェブサイト　https://www.mates-publishing.co.jp/

企画担当:千代 寧